★★★★★

新时代新家风

继承传统美德，弘扬时代风尚

向亚云 / 编著

时事出版社
北京

图书在版编目（CIP）数据

新时代，新家风：继承传统美德，弘扬时代风尚 / 向亚云编著．
—北京：时事出版社，2024.1
ISBN 978-7-5195-0549-3

Ⅰ．①新… Ⅱ．①向… Ⅲ．①家庭道德 - 品德教育
Ⅳ．① D649

中国版本图书馆 CIP 数据核字（2023）第 138362 号

出版发行：时事出版社
地　　　址：北京市海淀区彰化路 138 号西荣阁 B 座 G2 层
邮　　　编：100097
发 行 热 线：（010）88869831　88869832
传　　　真：（010）88869875
电 子 邮 箱：shishichubanshe@sina.com
印　　　刷：三河市华润印刷有限公司

开本：670mm×960mm　1/16　印张：17　字数：209 千字
2024 年 1 月第 1 版　2024 年 1 月第 1 次印刷
定价：50.00 元
（如有印装质量问题，请与本社发行部联系调换）

前言

所谓家风，又称家声、门风，是由一个家庭或家族所奉行的道德规范、所崇尚的风骨气节、所遵循的行为准则、所追求的价值标准、所沿袭的生活方式，以及家庭中特有的精神信仰、文化氛围、生活习惯、言行规矩和禁忌等，共同构成的一种相对稳定并世代承袭的文化风尚。因其产生于家庭，又有着鲜明的家族特色，因而称之为家风。

中华民族自古以来就重视家庭建设、家教训诫、家风养成，家庭、家教和家风在中国传统文化中占据着独特而重要的地位。孟子说："天下之本在国，国之本在家。"家不仅是身体安居、灵魂栖息的温柔乡，也是国家安宁、民族兴旺的源流地。家是最小国，国是千万家，治国必先齐家，家齐才能国治。

家风是一个家庭的精神内核和道德源头。一个人奉行什么、遵守什么，追求什么、反对什么，崇尚什么、摒弃什么，都与其家风息息相关。可以说，有什么样的家风，就有什么样的子孙。大凡家风严正、清明、优良的家族，子孙也都会贤良、文明、有成。

更重要的是，家风是党风、政风、民风和世风的基础，家风正，则党风端、政风清、民风淳。故而在今天构建社会主义和谐社会、实现中华民族伟大复兴中国梦的时代，弘扬传统美德，建设良好家风，以家风引领民风、世风、国风，也成为一种共识。

习近平总书记曾多次强调家风建设的重要性，指出"以千千万万家庭的好家风支撑起全社会的好风气"，"家风好，就能家道兴盛、和顺美满；家风差，难免殃及子孙、贻害社会"，"千家万户都好，国家才能好，民族才能好"。要求"不论时代发生多大变化，不论生活格局发生多大变化，我们都要重视家庭建设，注重家庭、注重家教、注重家风，紧密结合培育和弘扬社会主义核心价值观，发扬光大中华民族传统家庭美德，促进家庭和睦，促进亲人相亲相爱，促进下一代健康成长，促进老年人老有所养，使千千万万个家庭成为国家发展、民族进步、社会和谐的重要基点"。把新时代家庭家教家风建设提到了前所未有的新高度，也为新时代的家庭家教家风建设提供了根本原则。

为了贯彻落实习近平总书记关于弘扬中华传统美德，加强家庭家教家风建设的系列重要讲话精神，全面提升新时代家庭文化和良好家风建设水平，助推中华民族伟大复兴中国梦的实现，特编写此书。从弘扬传统美德、建设良好家风的角度出发，以建设新时代良好家风为重点，本书全面梳理了中华家风历史发展脉络，阐述了在当今时代背景下家风建设的意义和作用，并从弘扬忠厚善良、诚实守信、谦恭有礼、勤俭节约、好学上进、清白正直、修德立身等方面，深入探讨了建设新时代良好家风的方法和途径。

由于水平所限，书中难免会有错漏之处，敬望读者批评指正。

目录
contents

第一章 德泽源流远，家风世泽长
——家风是文化传承最好的载体

1. 文化孕育家风，家风承载文明 / 003
2. 家风优良，子孙贤明 / 009
3. 制定家规，好家风从家规开始 / 012
4. 传承家训，吸收家训中的文化精华 / 017
5. 严格家教，以身作则，做好家风榜样 / 021
6. 潜移默化，把传统文化导入日常家庭活动中去 / 026
7. 借鉴名人家风，打造特色家庭文化 / 030

第二章 孝老爱亲，爱国尽忠
——弘扬传统美德，培育忠孝家风

1. 百善孝为先 / 037
2. 孝敬父母，赡养老人 / 042
3. 培育感恩之心，回报父母恩情 / 046
4. 开展家庭爱国教育，从小培养爱国思想 / 049
5. 以报效祖国为家庭愿景 / 053
6. 参加爱国活动，把爱国落实到行动上 / 057

第三章 施仁布泽，行善积德
——弘扬善良美德，建设仁善家风

1. 诸恶莫作，众善奉行 / 061
2. 老吾老以及人之老，幼吾幼以及人之幼 / 065
3. 乐于助人，陌生人有危难也要尽力相助 / 070
4. 居仁由义，多做好事 / 073
5. 修桥补路，热心公益 / 076

第四章 诚实守信，一诺千金
——弘扬诚实美德，锤炼诚信家风

1. 言必信，行必果 / 083
2. 把诚信作为家庭的最高原则 / 087
3. 从家庭成员间做起，养成守信好习惯 / 091
4. 家庭中拒绝任何谎言 / 095
5. 说到做到，想尽办法履行承诺 / 099
6. 从家教开始，锤炼诚信家风 / 103

第五章 行事谨慎，谦恭有礼
——弘扬谦虚美德，打造谦谨家风

1. 君子敬而无失，与人恭而有礼 / 109
2. 在日常生活中传承良好的礼仪风度 / 112
3. 不论家里家外，都要礼貌待人 / 118
4. 为人谦恭低调，不张扬不炫耀 / 123
5. 行事小心谨慎，不狂傲不妄为 / 129
6. 谨守法纪，不越规不逾矩 / 134

第六章 克勤克俭，不怠不奢
——弘扬勤俭美德，谨守勤俭家风

1. 成由勤俭败由奢 / 141
2. 劳动光荣，所有的劳动都值得尊重 / 147
3. 从小养成勤劳的习惯 / 150
4. 坚决克服懒惰和懈怠 / 155
5. 以俭为荣，不奢侈不铺张 / 159
6. 杜绝浪费，一丝一缕，恒念物力维艰 / 163
7. 正确看待金钱和财富，不盲目攀比 / 166

第七章 治家以严，居家以和
——弘扬和睦美德，建设和谐家风

1. 治家以严，赏罚有度 / 173
2. 居家以和，家和万事兴 / 176
3. 夫妻恩爱是家庭和谐的主旋律 / 180
4. 珍视兄弟姐妹手足亲情 / 184
5. 邻里相处宽厚大度，互帮互助 / 187
6. 教育子女忌打骂，棍棒下面出不了孝子 / 190
7. 成为孩子的知心朋友 / 192

第八章 好学上进，笃学不倦
——弘扬进取美德，建立好学家风

1. 父母带头，营造家庭学习氛围 / 197
2. 制订家庭学习计划，有目标地学习 / 200
3. 建立家庭"图书角"，让阅读成为习惯 / 203
4. 处处学习，让学习成为一种习惯 / 205

5. 三人行必有吾师，家中成员相互学习 / 209

6. 克服骄傲自满，要不断学习 / 211

7. 打造学习型家风，创建学习型家庭 / 214

第九章 一身清白，两袖清风
——弘扬廉洁美德，塑造清廉家风

1. 清白家风不染尘，冰霜气骨玉精神 / 221

2. 父母带头，不该拿的一分不拿 / 225

3. 不该收的礼不收，让送礼者在家门口止步 / 227

4. 管住嘴不伸手，坚决不开后门 / 229

5. 互相监督，让廉洁成为家庭习惯 / 231

6. 家风清廉，幸福永远 / 234

第十章 以德为先，修身自立
——弘扬当代"四德"，建设良好家风

1. 响应中央号召，重视家风建设 / 237

2. 履行社会公德，遵纪守法，明礼知耻 / 241

3. 恪守职业道德，爱岗敬业，奉献社会 / 246

4. 弘扬家庭美德，助力家风建设 / 251

5. 修炼个人品德，做家风建设的榜样 / 255

6. 用良好家风筑就美好党风、政风和世风 / 259

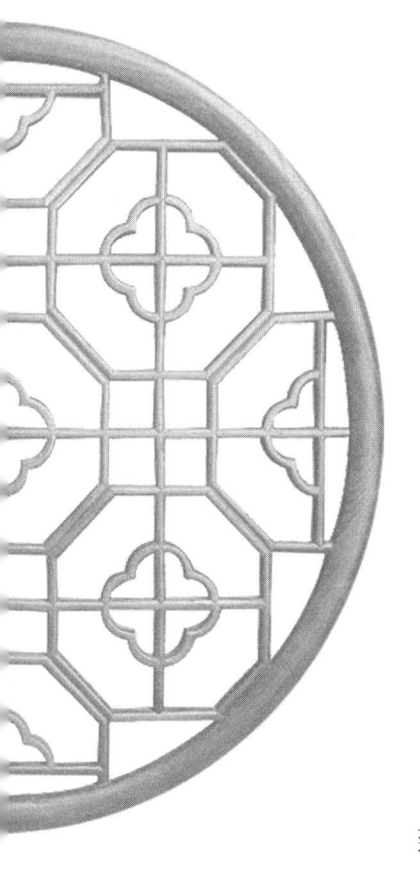

第一章
德泽源流远，家风世泽长
家风是文化传承最好的载体

中华家风源远流长。从早期的"周公诫子"到今天的"家家有家风"，家风是传统文化的最佳载体，承载着中华文化的精髓，散发着传统美德的芬芳，一代一代绵延接续，一代一代传承至今，世世代代浸润着华夏儿女的精神和心灵，滋养着中华民族的气质和风骨，成为中华民族生生不息、薪火相传的重要支撑。在社会主义建设迈入新时代的今天，家风依然是家庭文明建设的强大力量。

1

文化孕育家风，家风承载文明

中华民族是一个非常重视家庭、家教和家风的民族。五千年的文明历史发展，孕育了以儒家思想为代表的诸子百家文化和以人伦大道为主的传统美德，更孕育了独特而丰富的家庭文化和优良家风。不同的家风之中蕴含着不同的文化内涵和传统美德。勤俭节约、诚实守信、清白正直、忠厚善良、谦恭有礼……无不体现着传统文化的精华。从千千万万家中随便选取一家来感受家风，都足以窥见传统文化的缩影。

浙江临安望族钱氏的家风，以爱国、勤俭、忠厚、好学、有为为主，这正是中华传统美德的重要内容。这样的家风深刻地影响了钱氏子孙。钱家人才辈出，近代更是人才"井喷"、大师频现，科学家钱学森、钱伟长、钱三强，国学大师钱穆、钱锺书，外交家钱其琛，诺贝尔化学奖得主钱永健，都属于这个江南望族。

京剧大师梅兰芳的家风是爱国、敬业、谦虚、俭朴。"刻苦学艺、戏比天大"是梅家的家训，这样的家训让梅家子弟在继承梅派艺术时格外认真，梅兰芳更是把梅派艺术提升到了一个全新的高度。"爱国"更是梅家的家规。在日寇侵我河山、杀我人民、凶焰嚣张、肆无忌惮的岁月里，梅兰芳不惧生死，蓄须明志，表现了其崇高的爱国气节。梅兰芳一生严于律己，他不但把自己的表演艺术传给子弟，也把梅家勤奋刻苦、

新时代，新家风
——继承传统美德，弘扬时代风尚

谦虚谨慎、俭朴随和、乐善助人的家风传给了子孙后代。

当代文学名家冯骥才的家风是仁爱、和顺、上慈下孝。从小到大，他的每个本命年，母亲都会亲手为他扎红腰带。冯骥才72岁本命年时，母亲已经98岁了，可除夕晚上，母亲还是按照以往本命年的惯例给他系上了自己亲手做的"本命年红腰带"，腰带上还专门绣上了"马年大吉"四个字，这让他感动不已，也幸福不已。退休后的冯骥才除了写作，还把大量的精力投入在中国文化遗产和古村落保护之中，每天都忙得不可开交。但只要他在天津，每周二和周五这两天的下午五点之后，他都会推掉一切工作，闭门谢客，陪着母亲吃饭、聊天，严寒酷暑，雷打不动。不在天津时，他每天都会给母亲打电话，问候、报平安，听她唠叨一会儿。他也把这种"上慈下孝"的好家风传承给了自己的儿女，和儿子相处极尽慈爱，儿子对他也格外孝敬。

许多优秀传统文化和传统美德，都是依凭家庭、家教和家风传承千年，并发扬光大的。通过家庭中一代又一代先辈的言传身教和一代又一代子孙的继承发扬，这些美好的家风把中华传统美德和优秀文化刻印在华夏子孙的心底，深入每个中国人的骨髓，流淌在每个中国人的血脉中。家训、家规、家教和家风作为接续中华文明的重要载体，以一种静静融入日常生活的形式，无声而深刻地影响着华夏子孙的文明基因，潜移默化、润物无声地滋养着千千万万的个人和家庭。

最早的家风，可以追溯到上古尧舜禹时代。尧为天下帝君，不把天下传给自己的儿子丹朱，却传给贤明、能干又孝顺的舜，这种公正无私、以天下为重的精神无疑是后世廉洁家风的滥觞；而尧舜的行为自然是忠孝家风的源头；禹"克勤于邦，克俭于家""三过家门而不入"的勤勉作风则是勤俭家风的开端。

第一章　德泽源流远，家风世泽长
——家风是文化传承最好的载体

春秋战国时期是中华文化大发展的时期，百花齐放、百家争鸣，各种文化流派、风格传承、思想道德以及社会观念都得以全面发展，儒家、道家、墨家、医家、农家、名家、阴阳家……百家学说林立，光芒万丈，文化发展空前繁荣。在这些文化成果的推动下，家风也受其影响，初步成形，并越来越受到社会的推崇和重视。在《论语》《管子》《孟子》《韩非子》《春秋》等经典著作中，我们都可以看到有关家风的记载。如《孟子·公孙丑上》载："纣之去武丁未久也，其故家遗俗，流风善政，犹有存者。"意思是说商纣离武丁时代不远，商朝世家大族遗留下来的传统习俗、流传的良好风尚、优良的政策，都还有留存。这里的"故家遗俗""流风善政"，指的就是一直在当时流传的商王朝的家风家纪。《论语》中也有对孔子家教训子的专门记述。

孔子有一个儿子，叫孔鲤，字伯鱼，孔子对他管教很严，让他和自己的弟子一起读书。有一个叫陈亢的人就问伯鱼："夫子有教你特别的知识吗？"伯鱼说："没有。有一次父亲一个人站在院子里，我从庭前走过时，父亲叫住我问：'学诗了吗？'我说：'没有。'父亲就告诉我：'不学好诗，说话就难以高雅。'我便赶紧回去学诗。还有一天，又是父亲一个人站在院子里，我从庭前走过时，他问我：'学礼了吗？'我说：'没有。'父亲就告诉我：'不好好学礼，就不会为人处世，不能好好立足社会。'我便赶紧回去学礼。只有这两回是父亲单独教我的。"陈亢回来后兴奋不已，高兴地说："没想到我问一件事，竟然有三个收获：知道要学诗，要学礼，还知道了君子并不会偏爱自己的儿子。"

孔鲤两次于庭院中走过时被父亲叫住，吩咐他学习诗（即《诗经》）和礼（即《礼记》），并且训斥他，不学习诗，就不会说话；不学习礼，便不能立身处世。"诗"是立言之本，"礼"是立身之本，这就是孔子传达给儿子的家风。"诗礼传家"正是孔门家风的重要内容，一直到现在，都是孔家子孙所坚守的"圣人门风"，更是千千万万个家庭谨守的优良家风。

春秋时期，贵族之家大多非常重视家风建设，家训、家规也逐步形成。子女有失，父母一定会及时教导。

及至魏晋南北朝时期，社会对家风建设的重视有增无减，出现了专门集中记载家庭教育经验的读本——"家训"，如诸葛亮的《诫子书》、颜之推的《颜氏家训》等都非常有名。

唐宋以后，家风建设已经成为家庭道德建设的必备内容，专门的家训、家规也大量涌现。唐代有李世民传给子孙的《帝范》、宋若莘和宋若昭姐妹所著《女论语》、李恕所作《戒子拾遗》，宋代有司马光给儿子司马康的《训俭示康》、陆游的《放翁家训》、袁采的《袁氏世范》、陆九韶的《居家正本制用篇》，都是齐家教子的典范之作。

这一时期的家风也更趋严厉，治家犹如治国一般，一犯家规，就会按家法处置，绝不容半丝情面。很多大族之家都对子孙的行为有明确的规定，譬如北宋包拯立下遗训："后世子孙仕宦，有犯赃滥者，不得放归本家，亡殁之后，不得葬于大茔之中。不从吾志，非吾子孙。"由此框定了包家的家风以清廉为主。司马光定下的《温公家范》，不仅全面系统地论述了封建家庭伦理关系、治家方法、子弟的身心修养和为人处世之道，还告诫族人，一定要"以德业遗子孙"，而他的另一部家训《训俭示康》则给司马家的家风定下了"俭朴"的基调。

明清以来，家训、家规更加普遍，不仅皇室贵胄有严格的家法，普通百姓家庭也都有自己的家训和家规，流传后世的家法和家训也更加丰富。如明代有姚舜牧的《药言》、杨继盛的《杨忠愍公遗笔》、何伦的

第一章 德泽源流远，家风世泽长
——家风是文化传承最好的载体

《何氏家训》、孙奇逢的《孝友堂家规》，清代有康熙皇帝的《庭训格言》、朱柏庐的《朱子家训》、张英的《聪训斋语》、汪辉祖的《双节堂庸训》、郑板桥的《家书十六通》、曾国藩的《教子书》、甘树椿的《甘氏家训》、邹岐山的《启后留言》、胡达源的《弟子箴言》等。还有影响最大、传播最广的《弟子规》。在民间百姓千家万户当中，那些文字或口头上的《诫子书》《训子令》《谕子规》《教子经》《示儿帖》等家训、家规更是形形色色、数不胜数，以公开或秘密的方式在各个家庭、家族、宗族中世代流传。据《中国丛书综录》所列书目记载，中国古代公开印行的家训共有120多种，而且明清最多。从中可见中华民族的精神基因在家规家训中有着充分的体现。

当代家庭、家族的家风更讲究与时俱进，不仅继承了传统家风的优秀内容，如诚实守信、谦虚谨慎、勤劳节俭、知书守礼、孝敬父母、忠于国家等，而且又增添了许多新的价值观，如自由民主、团结友爱、幽默风趣、庄重正派、善良感恩、自尊自信、自立自强等。许多名人的家风家训也为我们树立了新时期的榜样，如万里"淡泊名利，知足常乐"的家风，彭真"在法律面前人人平等"的家规，陈云"家财不为子孙谋"的家训，还有像《傅雷家书》这样深深地影响和感动了几代人的家教经典。

《傅雷家书》是我国文学翻译家傅雷及其夫人写给儿子傅聪和儿媳弥拉的家信摘编。《傅雷家书》是一本"充满着父爱的苦心孤诣、呕心沥血的教子篇"，也是"最好的艺术学徒修养读物"，更是既平凡又典型的"不聪明"的近代中国知识分子的深刻写照。贯穿其间的是对家国荣辱的教导，对艺术之美的热爱，对父子亲情的阐释。

近些年来，随着社会对传统文化和家风家教建设的肯定和重视，特别是党的十八大以来，习近平总书记着眼于中华民族伟大复兴战略全

新时代，新家风
——继承传统美德，弘扬时代风尚

局和世界百年未有之大变局，就弘扬中华优秀传统和弘扬传统文化与家庭家教家风建设方面，作出一系列重要论述，极力倡导继承优秀传统文化，加强家庭家教家风建设，在全社会掀起了弘扬传统文化、建设良好家风的新高潮，家庭家教家风建设迈进了崭新时代，适合当下社会发展需求、反映社会主义核心价值观的新时代家风文化正在形成。

文化孕育了家风，家风又承载了文明。培育良好家风是传承中华传统美德和优秀传统文化的重要方法与途径。中华民族历来有重家教、守家训、正家风的文化传统，代代相传的良好家风是中华优秀传统文化在家庭中的具体表现，蕴含丰富的思想道德资源；其倡导和形成的基本道德规范和文化内核，是中华民族几千年来教育子孙后代最基本的凭照。良好的家风和优秀的传统文化互为表里、相互映衬，共同构成了中华文化的蔚然大观。

第一章 德泽源流远，家风世泽长
——家风是文化传承最好的载体

2 家风优良，子孙贤明

那么，什么是家风？

家风，又称家声、门风，是由一个家庭或家族所奉行的道德规范、所崇尚的风骨气节、所遵循的行为准则、所追求的价值标准、所沿袭的生活方式以及家庭中所特有的文化氛围、生活习惯、言行规矩和禁忌等，共同构成的一种相对稳定并世代承袭的文化风尚。因其产生于家庭，又有着鲜明的家族特色，故而称之为家风。家风通常以生活经验、实践智慧或价值理念的形式蕴含于家训、家规、族谱等文献载体中，以潜移默化、润物无声的方式渗透在家庭生活的日常行为中。

发祥于山西闻喜县礼元镇裴柏村的裴氏家族，自古以来就是山西望族，是三晋名门，人才辈出、声名显赫。据《裴氏世谱》等资料记载，裴氏家族"自秦汉以来，历六朝而盛，至隋唐而盛极，五代以后，余芳犹存"。在上下两千年间，"豪杰俊迈，名卿贤相，摩肩接踵，辉耀前史，茂郁如林，代有伟人，彪炳史册"。

有人做过统计，裴氏家族先后出过宰相59人，大将军59人，中书侍郎14人，尚书55人，侍郎44人，御史10人，刺史211人，太守77人，郡守以下不计其数。正史立传与载列者600余人，名垂后世者不下1000人，七品以上官员达3000余人。

新时代，新家风
——继承传统美德，弘扬时代风尚

如汉末任灵帝尚书令的裴茂，三国时任曹魏光禄大夫的裴潜，西晋时任大夫的裴秀，有四度为相，历唐宪宗、唐穆宗、唐敬宗、唐文宗四朝，可比肩魏征的宰相裴度，还有大将裴行俭、裴茂、裴潜、裴叔业、裴邃、裴骏、裴衍、裴镜民、裴济，南北朝和隋唐时期的著名法学家裴政，被称为"交通中西，功比张骞"的唐代著名外交家裴矩。裴秀还是古代地图绘制专家，开创了中国古代地图绘制学，被誉为"中国制图学之父"。真可谓"将相接武、公侯一门"，其家族人才之盛、德业之隆、绵延之久，很少有家族能与之比肩。所以有"天下无二裴"之说。

今天，闻喜裴氏依然是鼎鼎有名的山西大族，裴柏村更是为天下裴氏子孙所共尊的祖地。如今裴氏后裔遍布全国，可谓枝繁叶茂、人丁兴旺，而且在政治、经济、军事、文化、学术等方面都有杰出人物，依然人才济济，罕有所匹。

很多人都被裴氏家族的人才和成就所震惊，不断追溯裴氏家族经久兴隆的原因。最终发现，裴氏家族之所以声名显赫、家族繁盛、历久不衰，最为关键的就是裴家有严格的祖训、严厉的家规和严正的家风。

裴氏家族有两本重要的家风典籍——《河东裴氏家训》和《河东裴氏家戒》。《河东裴氏家训》共十二条，是每一个裴氏子弟都必须做到的，即敬奉祖先、孝顺父母、友爱兄弟、协和宗族、敦睦邻里、立身谨厚、居家勤俭、严教子孙、读书明德、淳厚戚朋、慎重言语、讲求公德。前五条强调的是忠孝仁义，后七条则是并行的处世之道，涵盖了对后人"德、能、勤、绩、廉"等方面的要求。

裴氏家族后来又形成的《河东裴氏家戒》共十条，是每一个裴氏子弟都要遵守的，即毋忤尊亲、毋辱祖先、毋重男轻女、毋事赌博、毋

第一章　德泽源流远，家风世泽长
　　——家风是文化传承最好的载体

为盗窃、毋贪色淫、毋吸烟毒、毋酗酒好斗、毋忘本崇洋、毋入帮派。这十个"毋"戒律严明，不容逾越，所以裴氏后人多为忠义良善之士，少有逆臣叛将，更少寡廉鲜耻之人。

裴氏家族诗书传家，谨守礼仪，同时重教守训，崇文尚武，德业并举，廉洁自律，就是要"吾姓子孙，须明廉知耻，做堂堂正正之人"。

自古以来，裴氏族人传承家风，严守祖训，躬身践行，不仅以此律己，更以此激励和教育着裴氏家族一代又一代后人修心正身、积极进取，才有了一代又一代贤良、有为的裴氏后人，有了裴氏家族绵延两千余年的显赫和兴盛。

有什么样的家风，就会养育出什么样的子孙。家风越是严正，子孙越是律己自重；子孙越是律己自重，家族就会愈加兴隆繁盛，这是历史上许多家族兴旺发达的规律，也是许多显赫家族昌隆日久、人才辈出的秘诀。

俗话说"种瓜得瓜，种豆得豆""开什么花结什么果"，家风对子孙的影响也是一样，有什么样的家风就有什么样的儿孙。那些曾经在历史上风光显赫、传家久远的名门望族，无一不是家风严正、家教严厉、家规严整的家族。

新时代，新家风
——继承传统美德，弘扬时代风尚

3 制定家规，好家风从家规开始

参天之树，必有其根；环山之水，必有其源。好的家风不是天生就有的，而是一点一点培育，一天一天积淀而成的。这种培育和积淀的重要途径，就是家规和家教。立家规，严家教，立家训，正家风，是中华民族传承数千年的优良传统，也是许多成功家庭的治家宝典。有严厉端明的家规，才能匡正子孙的言行，引导子孙的思想，让子孙明确什么该做什么不该做，什么该奉行什么该摒弃，从而塑造出严正优秀的家风。《钱氏家训》里说："欲造优美之家庭，须立良好之规则。"曾国藩在家书中说："凡家道所以可久者，不恃一时之官爵，而恃长远之家规；不恃一二人之骤发，而恃大众之维持。"

所谓家规，顾名思义，就是一个家庭的规定、规则和规矩。它是由家庭或家族制定的，要求每一个家族成员以及子孙后代都必须遵守的言行规范、为人准则、处世规矩等一系列家庭制度和标准。它用来规范家庭中每个成员在家中需要承担的责任和义务，表明每个人可以享受到的权利和待遇。

家规实际上是针对全体家庭成员而制定的一种"公约"，需要大家共同遵守，因而也叫"家法"。常言说："国有国法，家有家规。"家规在家族内部相当于"法律"，是维护家庭或家族长治久安的保障，所以一旦触犯，必严惩不贷。

第一章　德泽源流远，家风世泽长
——家风是文化传承最好的载体

家规对于整个家庭甚至家族，都有着非常重要的规范和凝聚作用。家规使整个家族的成员有着共同的行为规范、共同的责任和担当、共同的追求和向往，这样的风气代代相传，好的家风就建立起来了，家族的兴盛也就理所当然了。特别是对于人口众多的大家族，更需要严格的家规保证家族兴盛繁荣，永得平安，历史上很多大族之家绵延千年都与其家规密不可分。

浙江浦江的郑氏家族，以孝义传家，历经宋、元、明、清、民国至今，岁月沧桑变迁，家族却依然绵延不绝，繁荣昌盛。当年明朝开国皇帝朱元璋就对郑家的孝义家风深为叹服，赐郑家为"江南第一家"。郑氏绵延千年的秘诀就是他们的家规——《郑氏规范》。

《郑氏规范》共有168条，是郑氏家族的家规汇编，也是郑家治家经验的大集合。它是集教育、管理、惩戒于一体的完整家规体系，内容包括道德修养、行为规范、生产生活、家族管理、犯规惩戒等各个方面。这套规范高度融合了儒家思想和宗族文化，以修身齐家治国平天下为基本的教育纲领，教育和引导子孙行正路、修道德、建功立业。

《郑氏规范》中对于后世子孙的修养、教育、勤勉类的行为规范有具体而明确的规定，如"子孙当以和待乡曲，宁我容人，毋使人容我""家业之成，难如升天，当以俭素是绳是准""不得妄肆威福，图胁人财，侵凌人产"等，有违者按违规的程度，处以"不孝罪""削名""告官"等处罚，使子孙走向正道。

特别是对出仕为官子弟的规定则更加严格，如"子孙出仕，有以赃墨闻者，生则削谱除族籍，死则牌位不许入祠堂""当蚤夜切切，以报国为务。抚恤下民，实如慈母之保赤子，又不可一毫妄取于民""任满交代，不可过于留恋"。致仕回乡时，"不宜恃贵自尊，以骄宗族"。

新时代，新家风
——继承传统美德，弘扬时代风尚

所以郑家出仕为官的子孙从来不敢有任何贪污腐败、贪赃枉法的行为。有人曾做过统计，宋、元、明、清四个朝代，郑氏家族共出了173位高官，没有一个贪官。

《郑氏规范》对于家族管理的规定很多，也很具体，这是家族凝聚力的关键。家族中的家长、典事、监视等管理人员的选拔也非常严格，要求家长须"至公无私""以诚待人""谨守礼法以制其下"；典事须"刚正公明、才堪治家、为众人之表率"；监视须"端严公明、可以服众"。任职者必须德才兼备，如"不贤"则立即更换。典事辅助家长进行工作，在处理家族事务时始终坚持公正、公开、公平，典事处理所有事务都必须"书之于籍"、公之于众；监视则担当着纠正整个家族是非、维系家族兴衰的职责，因而要求其必须"有善公言之，有不善亦公言之"。

郑氏子孙的婚姻，不看对方是否富裕，而以道德人品为第一；所有家族成员都是平等一致的，对于家族内遭遇灾祸或是生活困难的，家族内部要全力扶持，提供足够的经济保障；甚至对于聚居在一起的郑氏家族，每天早晨起床时间都是有规定的。每天黎明，敲四声钟，家族中所有人都要起床，不允许有人偷懒。然后梳洗打扮，响八声钟的时候，所有人都要聚到祠堂里，由家族族长，也就是家长宣读家训。

正因为郑家有这样规范严正的家规，才有郑氏家族历十五世依然可以同居共食、和谐繁茂而存世。《郑氏规范》是郑氏家族昌隆日久、和谐发展的根本原因。

现代家庭与古代家庭已经有了很大的不同，家庭规模、家庭结构、家庭成员的角色及地位相比过去，发生了颠覆性的变化，大多是三口之家，或是三代同堂的家庭格局。像以前大家族一起聚居并建立统一的家规来规范全家族成员，已经不太现实，而且现代家庭所遵循的行为准则、

第一章　德泽源流远，家风世泽长
——家风是文化传承最好的载体

道德风尚、核心价值观、教育理念等也都发生了很大的改变，传统的家规并不适于现代家庭。因而，现在制定家规要以家庭的实际情况来定，根据需要制定出合乎各自家庭特色、有价值、有意义，又便于操作的家规，让全家人都能按照这样的规则办事，规范言行、匡正思想，以达到塑造良好家风、教育子孙、家庭和谐的目的。比如一位老师给 11 岁女儿定下的十条家规，可以给我们一些参考。

（1）不能无理地抱怨、争吵或者惹人讨厌地取笑他人。

（2）保持头发、衣服整洁，不许化妆，不许奇装异服。

（3）自己的事情自己做，比如自己叠被子、设置闹钟、收拾书包、洗袜子、整理物品等。

（4）帮父母分担家务，比如择菜、洗菜、收碗、洗碗、擦桌子等，可以获得一定的奖励。

（5）节假日要随父母一起去看望爷爷奶奶、外公外婆。

（6）每天早上 6 点半起床，在爸爸或妈妈陪同下下楼跳绳 1000 个，晚上十点前上床睡觉。

（7）每天晚上读 20 分钟古代诗词，每周至少背下一首。

（8）不能挑食，做什么吃什么。每周外出就餐一次，可以挑选自己喜欢的餐厅和菜品。

（9）不准追星，特别不允许私下见网友。

（10）看手机必须在完成作业后，工作日不超过 40 分钟，假日不超过两小时。

家规没有固定的模式，不同的家庭会有不同的家规。山野村居的小门小户，耕读传家，家规一定简明朴素，亲切可人，看似简单却意蕴深远；高居庙堂的权贵之家、高门大院、诗礼传家，家规可能会严谨、端严，意旨高远；知识分子的家规会以斯文为基调、以读书为要旨；军人家庭的家规会带有纪律严明、铿锵有声的特征……不同的家庭有不同的家规。

现代社会中，人们对自由的向往和渴望十分强烈，过多的家规不但得不到很好的执行，反而会令家庭成员产生抵触情绪，因此，现代人制定家规，无需过多，只要三条或五条，这样既容易记住，也容易执行，更有利于好家风的形成。

"不以规矩，不能成方圆。"要建设良好的家风，就必须有严格的家规。不管什么样的家规，其目的都是规范家庭成员的言行，发挥培育、引导和规范的作用。明确而细致的家规，是管家治家的宝典，也是家族欣欣向荣、井然有序的秘诀，更是儿孙有为、家声美好的法门。

当然，每一个家庭的环境不同，理念不一，追求各异，家规可能也不同。但只要我们制定出适合自己家庭的、能促进家风养成的良好家规，良好家风的形成也就指日可待了。

4

传承家训，吸收家训中的文化精华

所谓家训，简单理解就是家庭训诫之言，是指历代家长、祖先长辈及父母兄长用以训诫子弟、儿孙立身处世、持家治家、建功立业的教诲之言，包括家诫、家规、家范、家约、家书等。它既是家族长辈对社会文化、价值观念和道德标准的自我认识和体验感悟，也蕴含着他们对儿孙后辈的期许和指导。

《尚书·无逸》是周公姬旦专门为周成王（姬诵）在其即位时作的一篇诰辞，告诫周成王不要贪图安逸享乐，不要荒废政事，要安定民心，要"知稼穑之艰难"。这篇诰辞算得上是家训最早文本的代表，周公也算得上是中国传统家训的开创者。另一篇著名的家训也出自周公，是周公给儿子伯禽的《诫伯禽书》。"周公诫子"的故事在《史记》和《荀子》里都有记载，尤以西汉时韩婴的专著《韩诗外传》记述最为详细，那谆谆教诲至今还传诵不衰。

成王封伯禽于鲁。周公诫之曰："往矣，子无以鲁国骄士。吾文王之子，武王之弟，（成）王之叔父也，又相天子，吾于天下亦不轻矣。然一沐三握发，一饭三吐哺，犹恐失天下之士。吾闻，德行宽裕，守之以恭者，荣；土地广大，守之以俭者，安；禄位尊盛，守之以卑者，贵；人众兵强，守之以畏者，胜；聪明睿智，守之以愚者，哲；博闻强记，

新时代，新家风
——继承传统美德，弘扬时代风尚

守之以浅者，智。夫此六者，皆谦德也。夫贵为天子，富有四海，由此德也。不谦而失天下，亡其身者，桀、纣是也。可不慎欤？"

意思是，周成王将鲁国土地封给周公的儿子伯禽。周公告诫儿子说："去了以后，你不要因为受封于鲁国就怠慢、轻视人才。我是文王的儿子、武王的弟弟、成王的叔叔，又身兼辅佐皇上的重任，我在天下的地位也不算低的了。可是，一次沐浴，要多次停下来，握着自己已散的头发；吃一顿饭，要多次停下来，以接待宾客，即使这样还怕因怠慢而失去人才。我听说，道德品行宽容，并用谦逊的品行来保有它的人，必会得到荣耀；封地辽阔，并凭借行为约束而有节制来保有它的人，他的封地必定安定；官职显赫，并用谦卑来保有它的人，必定高贵；人口众多、军队强大，并用威严来统御它的人，必定会胜利；用愚笨来保有聪明睿智，就是明智；见识广博，并用浅陋来保有它的人，必定智慧。这六点都是谦虚谨慎的美德。即使尊贵如天子，富裕得拥有天下，也是因为拥有这些品德。不谦虚谨慎从而失去天下，进而导致自己身亡的人，桀、纣就是这样。你能不谨慎吗？"

对儿子的殷殷期望，全在这一片肺腑之言里。从中我们看到的，不仅是一个父亲对儿子的谆谆教诲，还有当时第一家族姬氏的家风——谦虚谨慎、不骄不躁。

先秦时期，家训已经很普遍了，并有了著名的"畴人之学"，即家庭世代相传的学问。其后，家训逐渐丰富和发展起来。魏晋南北朝时期，北齐颜之推的《颜氏家训》在家风建设史上具有划时代的意义。宋人陈振孙在《直斋书录解题》中评此书说："古今家训，以此为祖。"清人王钺在《读书丛残》中也盛赞此书是"篇篇药石，言言龟鉴"，可见其在世人心目中的地位。

第一章　德泽源流远，家风世泽长
——家风是文化传承最好的载体

到了宋代，家训进入繁荣阶段，不仅文献资料数量多，而且在教育理念和思想上也有了大的发展。北宋司马光的《温公家范》等著作，继承和发展了颜之推的家庭教育思想，全面系统地阐述了封建伦理关系、治家方法、身心修养和为人处世的道理，堪称家训中的集大成者。同时在宋代理学的影响之下，家训中"礼教"的气氛更为浓重，名分的拘束更为严格。

明清时期是传统家训广泛推广的时期。由于家训作用的日益彰显和统治阶级的大力倡导，家训理论在广大民众中广泛传播，形成了家训教育空前繁盛的局面。明末清初朱柏庐的《朱子治家格言》流传很广，影响巨大，也被称为《朱子家训》。它集中了治家教子的名言警句，仅用500余字就阐述了人生的深刻道理，总结了古代的治家之道，语言平实，脍炙人口，几百年来一直盛传不衰，成为官宦士绅、书香世家乃至普通百姓津津乐道的教子妙方和治家良策。

在《古今图书集成》中，《家范典》多达116卷，分31部，各又再分5类，辑录了先秦至清初的大量家训资料，真可谓浩如烟海。比较经典的有司马谈的《命子迁》、诸葛亮的《诫子书》、颜之推的《颜氏家训》、袁采的《袁氏世范》、朱柏庐的《朱子家训》、朱熹的《朱熹家训》、范仲淹的《告诸子及弟侄》、司马光的《温公家范》、吕本中的《童蒙训》、曾国藩的《曾文正公家训》、林则徐的《林则徐家训》等。许多名人都为子孙留下了家训名言，有些甚至是千古传诵的、对所有人都有益的谆谆教诲。

三国时期，诸葛亮写给儿子诸葛瞻的《诫子书》中有"夫君子之行，静以修身，俭以养德。非淡泊无以明志，非宁静无以致远"。刘备写给儿子的临终遗诏中有"勿以恶小而为之，勿以善小而不为"。后来

新时代，新家风
——继承传统美德，弘扬时代风尚

颜之推的《颜氏家训》中有"父不慈则子不孝，兄不友则弟不恭，夫不义则妇不顺"。朱柏庐的《朱子治家格言》中有"黎明即起，洒扫庭除，要内外整洁；既昏便息，关锁门户，必亲自检点。一粥一饭，当思来处不易；半丝半缕，恒念物力维艰。宜未雨而绸缪，毋临渴而掘井"。这些都已不仅仅是一家一族的训示，而是演变成所有中国人奉行的行为圭臬，成为全社会乃至全民族教育后代的宝贵精神财富。

流传至今的众多家训，既是我们祖先对家庭教育深入思考的智慧结晶，也是中华民族传统文化宝库中极具特色的部分，不仅内容丰富、语言精辟，而且意蕴深远、经久不衰，直到今天仍然闪烁着智慧的光芒。

如今随着时代的变迁，一些老旧的观念已经不适应当代的家风建设，但很多传统家训中的名言依然是我们为人处世、教子持家的有效箴言。因而在当代的家风建设中，要善于学习和传承传统的家训，吸收传统家训文化中的精华，发扬家训文化，合理选择，做到"古为今用，为我所用"，更好地继承和弘扬中华民族优秀传统文化，建设新时代的良好家风。

5

严格家教，以身作则，做好家风榜样

好的家风是一个家庭或家族的精神、道德核心，是祖先的智慧结晶，更是祖先的殷殷期望。每一个子孙都有义务让好的家风传承并延续下去，并在传承中不断地发展和完善，让优良的家风影响一代又一代子孙，培育出一代又一代优秀的儿孙后代，让子子孙孙都昌隆兴旺。要实现这样的目标，就需要良好的家教。

家教，即家庭教育，是家族、家庭中长辈对幼辈、父母对子女言传身教、引导管教的代称。家教是一种强大的教育途径，一种看似无形其实却无所不在的潜在力量，无时不在潜移默化地影响着家庭中的每一个人，并将这种影响渗透到心灵深处，浸入灵魂深处。因而家庭中每一个人的世界观、人生观、价值观、性格特征、道德素养、为人处事及生活习惯等，都会打上家教的深刻烙印。所谓"有其父必有其子""龙生龙，凤生凤，老鼠的儿子会打洞"说的就是这个道理。

历代先贤圣哲对家教都相当重视，教子有方的故事俯拾皆是，诸如家喻户晓的孔子训子、孟母三迁、曾子杀猪、岳母刺字等。清初冯班在《家戒》中说："君子之孝，莫大于教。子孙教得好，祖宗之业便不坠于地。不教子弟，是大不孝，与无后等。"把家教提到了"不孝"的高度。《三字经》里也说："养不教，父之过。"在古人看来，教育子女

新时代，新家风
——继承传统美德，弘扬时代风尚

是一种爱的表现。"爱其子而不教，犹为不爱也；教而不以善，犹为不教也。"既要爱护子女，又要善于教之，才是为人父母兄长的职责。要"教之以义方，弗纳于邪"。很多家风端正的家族都是从先祖开始就注重家教，使好家风世代相传的。

山东临朐冯氏家族，是明清时期著名的文学世家，家族之中曾涌现出不少著名的诗人和官员。

临朐冯氏家族的繁荣昌隆，起自明代中期的冯裕。冯裕小时候生活很苦，父母双亡，跟随年老的叔祖母生活，但他天性聪慧，又爱读书。30岁时中举人，先后任华亭县令、晋州知州、南京户部员外郎、石阡府知府、贵州按察副使等，为冯氏家族奠定了仕宦家族的地位。

他为官清廉公正，不谄不媚，颇有政绩；为人端方正直、磊落坦荡。他曾说："希宠者负君，媚人者负己，谋人者负人，生平盖'三无负'焉。"其为人、处世、为官的理念和品格，深刻地影响着儿孙。冯裕写过不少家规家训："学而优则仕，忠孝传家，清正廉明，不阿权贵，进退适宜，不迷恋权贵"等。冯氏家族广受称道，与他的家训家风密不可分。他之后的六代人中，有17人出仕为官，其中8名文进士、1名武进士。从秀才到进士，从知县到宰相，代不乏人。冯裕、冯裕的儿子冯惟重、孙子冯子履、重孙冯琦四世进士，被传为美谈。第六代冯溥更是曾任文华殿大学士，正一品官员。至于考中进士举人者、能诗能文者则更多。

明清时期父子、叔侄、兄弟通过科举考试一同出仕为官的家族并不在少数，但是很少有家族可以持续六代以上簪缨不替、文脉相继，临朐冯氏家族之所以能够在当时的文坛和官场上如鱼得水，与其家风中"进退适宜，不迷恋权贵"有着很大关系。冯裕当时圣恩正隆，官位很高，

第一章　德泽源流远，家风世泽长
——家风是文化传承最好的载体

但他退隐回乡，以身作则，不迷恋权贵官位，教导子孙淡泊处世，让冯氏一族出仕为官的子弟能在官场上保持本分，进退自如，不会因贪恋官位而惹祸端。

家教对家风的形成甚至民族风气的形成都作用巨大。中华民族创造出世界民族中罕见的奇迹：那就是国民整体的教养，都是彬彬有礼、温柔敦厚的；国民的行为举止，也是有理有据、奉公守法的。还有一些是在大部分民众都不识字、从未读过书的基础上形成的。这完全归功于家教的力量，归功于父辈们言传身教、以身作则的"教化"。

家教是一种特殊的知识和信息传播途径，更多来自于父母的言传身教。言传很重要，引导、训诫、督促和教诲，都需要言传。但光说不做，效果会大打折扣，最有效的是身教。"教子贵以身教，不可仅以言教""以身作典型，训诲复不惜"，身教胜于言教，以身作则才是教育子孙最无言却最直观、最平常也最有效的方法。

现在已经是小有名气的企业家程先生很有感触地说："小时候父母对我的家教还是很严格的，从我记事起父亲就告诉我要孝敬自己的长辈，将来不管走到哪里、不管是贫穷还是富贵，都要踏实、守信，不能说大话骗人。他自己也是村里有名的厚道人，一辈子都没欺负过人，没骗过人。

"那时候一家人在一块吃饭，父亲没回到家是没有人敢动筷子吃饭的，父亲回家了，要先给他老人家盛饭，然后其他人才能开始吃饭。夹菜也有讲究，不能在盘子里乱翻，夹菜只夹自己够得着的，够不着的再好吃、再想吃，也不能站起来或是伸长筷子去夹。

"孝亲敬老、帮人助人也是父亲教给我的。有一次村里一位本家爷

新时代，新家风
——继承传统美德，弘扬时代风尚

爷生病了，当时他的儿子在县城里住。父亲帮他端茶递水，又叫我去陪伴这位爷爷，然后自己步行几十里到县城把本家爷爷的儿子叫回来。孝敬老人这一点，从父亲的前几辈开始一直到现在始终不变、代代传承，如今我的几个儿子对待老人也都很孝顺。"

"桃李不言，下自成蹊。"有时候根本不需要父母说什么，只要认认真真做了，后辈儿孙也都会仿照着来做。父母的言行在孩子心目中是最有权威性、最具楷模力量的。在面对老人、长辈时以身示范，良好的家风就在这无声的教育中被传扬下去。所以，父母家长一定要以身作则，做好家风建设的榜样。

家教的形式也非常多元，在孩子的婴幼儿阶段，通过读童谣、讲故事、唱儿歌启蒙或灌输一些基本知识，培养孩子认识事物和树立基本的是非观念，种下道德的种子，是一种家教；进行实地的劳动实践，如到野外割草、放牛、放羊、打柴、锄地、浇水，到山上种树、采药、采蘑菇、看果园，或者到秋收时节，父母带孩子一起收割、搬运、打场等，都可锻炼劳动能力，提升劳动观念，使孩子了解社会、了解生活、掌握劳动技能，也是一种家教；从小培养孩子讲卫生、勤俭的习惯，饭粒掉在桌子上也要给孩子念一遍："锄禾日当午，汗滴禾下土。谁知盘中餐，粒粒皆辛苦"，并讲一讲粮食来之不易的道理，还是良好的家教。长期这样的教育，有助于让子女树立良好的道德观念和养成良好的生活习惯，让良好的家风在他们的心中生根发芽，这样家风自然就能一代一代传承下去，世代绵延，经久不衰。

当然，家教的内容远不止这些，它可以说无所不包，包括对子女、幼辈的德育、智育、才育、美育、生活习惯、行为模式、言行礼仪各个方面。越是严格的家教越能在孩子的心中留下刻痕,越能让孩子记住自己的家风。家长越是能以身作则,做出榜样,就越能让孩子受到无声的影响,传承良好的家风。

6 潜移默化,把传统文化导入日常家庭活动中去

弘扬中华文化,建设良好家风,不是一朝一夕能完成的,而是一个长期的过程,一个潜移默化、润物无声的过程。在日常的家庭生活中,只有把传统文化和良好的家风导入家庭生活的方方面面,才能让传统文化和优秀家风在无声无息中传承。

对于普通家庭来说,家风、家训也许就是父母常挂在嘴边的"唠叨",就是日常生活的点点滴滴。比如小的时候,家里来了客人,父母一定要求我们在门口迎接,见到客人要主动问好;吃饭的时候,老人没有动筷子,孩子就要等着,如果先动了筷子、吃了东西就要挨骂……这些生活方式和做人方法都是传统家风的体现。我们的人生观、性格特征、道德素养以及生活习惯等每一个方面都会在不知不觉中打上家风的烙印。所以,把一些传统习俗、老规矩、老家风融入平常的家庭生活中,让孩子在日常生活中就能领悟到传统家风和传统文化的精髓,在潜移默化中使传统文化深入孩子的内心,也不失为一种良好的弘扬传统文化、建设良好家风的方法。

过年过节或是家中亲友团聚时,正是给孩子示范很多老规矩的大好时机。一些传统的礼仪文化、老规矩,在这个时候最能无声地影响孩子,成为家风形成的良机。

第一章　德泽源流远，家风世泽长
——家风是文化传承最好的载体

比如旧时春节客人到来之前要提前打扫门庭，以迎客人，并备好茶具、烟具、茶饮等；客人在约定时间到来，主人应提前出门迎接；端茶、送糖、递果盘时要用双手，代为客人剥糖纸、削果皮；添茶倒酒要注意"浅茶满酒"。所谓浅茶，即将茶水倒入杯中 2/3 的深度为佳，而倒酒则应是满杯才是礼貌的。端茶的时候，面对有杯耳的杯子，通常是用一只手抓住杯耳，另一只手托住杯底，把茶水送给客人。客人告辞，主人一般应婉言相留；客人要走，主人应等客人起身后，再起身相送，不可客人一说走，主人就先站起来。在见面中，"尊位"是表达尊敬的重要环节。中国传统的做法是"以左为尊"，即将客人安排在主人的左侧，以示尊敬。

再如日常生活中人与人之间相互往来也有一些规矩，像客人来访会带礼物，对此主人送客时应有所回馈，表示谢意，或请求客人以后来访不要再携带礼品了，或相应地回谢一些礼物，绝不能受之无愧似得若无其事；如果领着孩子去别人家做客，一定要引导孩子在问好之后主动把脱下的鞋子排整齐；要教育孩子做客时切不可乱翻别人东西，如果想玩玩具或看书，一定要经过主人的同意等，这些都是最基本的礼仪文化。

还有用餐，在传统礼仪中也是有很多讲究的。入座时，应先请客人入座上席，再请家里的长者、家人依次入座客人旁，陪客人进餐；进餐时，先请客人、长者动筷子，夹菜时每次夹少一些，离自己远的菜就少吃一些；吃饭时不要发出声音，喝汤时也不要发出声响，最好用汤匙一小口一小口地喝，不宜把碗端到嘴边喝；汤太热时要等凉了以后再喝，不要一边吹一边喝；进餐时不要打嗝，更不要对着人咳嗽；如果要给客人或长辈布菜，最好用公用筷子，也可以把离客人或长辈较远的菜肴送到他们面前；吃到鱼头、鱼刺、骨头等物时，不要往外面吐，也不要往地上扔，要慢慢用手拿到自己的碟子里，或放在紧靠自己的餐盘边，或

新时代，新家风
——继承传统美德，弘扬时代风尚

放在事先准备好的容器里；吃饭时要适时抽空和左右的人聊几句，不要光低着头吃饭，也不要狼吞虎咽地大吃一顿，更不要贪杯；离席时，必须要向主人表示感谢，或者就在此时邀请主人以后到自己家做客，以示回谢。

还有吃婚丧宴席时，也有很多老规矩，如席中先敬长者，不论认不认识，都要长者先拿筷子并邀请大家动筷吃饭时才能拿起筷子吃菜；而且每一盘菜都必须是由长者最先夹菜，然后其他人才吃，年纪最小的要谦让，等待年长的夹过之后再夹；不可抢着夹菜，更不能把爱吃的菜端到自己面前，或者倒进自己碗里等。

像这样的老规矩还有很多，它们看似繁杂琐碎，实际上却与日常生活、家风、家教紧密相关。比如老北京的老规矩就还有"不许吧唧嘴""不许斜楞眼""不许罗着锅""不许称长辈为你""不许捋袖管""不许挽裤腿""不许搅菜碟""不许嘬牙花子""不许抖搂腿""不许当众咋呼""夹菜不过盘中线""不许吃饭咬着筷子""不许管闲事儿""不许壶嘴对着人"……这些都是大多数北京家庭成员从小就被要求遵守的准则，点点滴滴都是家风的重要内容。

传统文化的传承和发扬也正是通过这些琐碎的家庭生活细节展开的。把传统文化的精髓以"老规矩"的形式融合进家庭生活，对于子孙后代甚至民族国家都能产生深远的影响。我们可以看到，在古代大多数的底层民众是没有机会读书、不认得文字的，那些经史子集、圣人教诲他们根本接触不到，但是古代中国却依然是"礼仪之邦""衣冠上国"，每一个"引车卖浆者"都彬彬有礼、进退得宜，俨然是文明的化身，很大一部分原因，就是家风的影响，受日常生活的熏陶。一代一代，代代相传的老规矩，已经把中华文化的精髓融在其中，不需要读书、认字，日常生活的点点滴滴,就足以把这些精髓刻在人们心里。

所以,建设良好的家风,就应当注重把一些社会基本价值观,传统文化的精华,具有普世价值的道德、礼仪、文明、规矩融入家庭生活,父母长辈要在日常生活中多给孩子讲解这些传统文化的精华,并努力践行,在潜移默化中把传统文化刻进子孙后代的骨子里。

新时代，新家风
——继承传统美德，弘扬时代风尚

7 借鉴名人家风，打造特色家庭文化

好家风，除了要从传统文化中汲取营养、传承传统文化中的精华外，还要体现与时俱进的特点，从世界各国家庭文化中借鉴和吸收优秀文化，打造具有自家特色的家庭文化，引领社会新风尚。

今天的社会和家庭已经与古代中国有很大不同，传统意义上的大家族已然式微，在当下三口、四口之家的"小家庭时代"，良好的家风文化并未过时。只要有"家"的存在，就会有家风；只要需要"立德立人，成人成才"，于家于国，就需要良好家风的培育与传承，需要建设与自己的家庭实际情况相适应的特色家庭文化。我们可以从古今名人、世界名人的家风中吸取营养，吸收经验，培育具有自家特色的家庭文化。

美国第32届总统富兰克林·德拉诺·罗斯福是美国历史上唯一一位连任4届的总统。他出身于富豪家庭，父亲学过法律，又经过商，很有钱。罗斯福的父亲和母亲相差26岁，当罗斯福出生时，父亲的年龄已经很大了。罗斯福的降生给这个本来就十分幸福的家庭又带来了更多的欢乐。幼小的罗斯福成为父母关注的中心。

然而，罗斯福的父母并不娇惯他，而是严格地管束他，特别是罗斯福的母亲，不仅给他安排了详细的作息时间表：7点起床，8点吃饭，跟家庭教师学习2~3个小时，然后休息，下午1点吃饭，午饭后学到

第一章 德泽源流远，家风世泽长
——家风是文化传承最好的载体

4点，休息（自由活动）；还要求他必须在规定的时间内完成规定的事情。

小罗斯福不满意母亲制定的严格作息制度，提出了抗议，要求母亲给他"自由"。母亲认真地考虑了儿子的要求，最后答应给他一天的"自由"，这一天他可以干自己想干的事情。到了晚上，6岁的儿子满身灰尘，一脸疲惫地回来了。他的母亲只是亲切地帮他拍掉灰尘，做了好吃的饭菜给他吃。至于这一天儿子去干了什么，他的母亲一句也没有问。既然给他自由，那就让他自由到底。

小罗斯福很好强，玩游戏时总习惯于自己是赢家，久而久之就有了骄傲之心。为了挫挫他的傲气，母亲和他一起下棋，故意不让他，接连赢了他好几次。小罗斯福生气了，气鼓鼓地不开心，母亲故意不去理他，最终小罗斯福认输了。后来，小罗斯福就变得沉稳多了，再也不心高气傲、自以为是了。

这就是罗斯福家的家风：规矩严格，管教严厉，但尊重孩子，满足孩子的合理要求，既有民主，也有自由。

严管不等于束缚。给孩子自由活动的时间，使孩子在无拘无束中松弛一下，尽情地享受生命的欢乐，对一个人个性的发展和良好品格的形成是有好处的。"他山之石，可以攻玉。"我们在建设自家的家风时不妨多借鉴一些名人的优秀家风，古为今用，洋为中用，培育自家的特色家庭文化。

那么，如何培育自家特色的家庭文化呢？

一要树立家庭正确的价值观。所谓家庭价值观，就是家庭及家庭成员在日常生活中对是非对错做出判断、对言行举止做出选择的基本标准、原则和要求等。价值观影响一切行为，正确的价值观是优良家风的

新时代，新家风
——继承传统美德，弘扬时代风尚

基础。不正确的价值观，必然带偏家风，难以建设明媚美好的家风，培养文明有成的儿孙。所以家长一定要重视家庭核心价值观的培育。

一个家庭最核心的价值观包括尊老爱幼、孝敬父母、勤俭节约、忠诚守信、正直清白、勤奋努力、好学上进、和睦友善、爱国报国等内容。这些要求和标准，沉淀着传统的规则规矩，传承了优秀的民风民俗，也包含了当下社会主义核心价值观的内容，从不同侧面体现出中华文明的特色，展现出中华儿女的情操和风骨。用这样的价值观塑造出来的家风，不仅继承了传统文化的精髓，也发扬了历代家训、家教的精华，同时与时代结合，必然成为引领时代的优秀家风。

二要以身作则，率先垂范。有了正确的家庭核心价值观，还需要家长以身作则、作出表率、引导儿孙践行家庭核心价值观，把孩子培养成人格健全、对社会有用之才，这也是家长最重要的责任。

古人云"父母亦师"，父母是孩子的第一个"引路人"，是孩子最初的启蒙老师，也是孩子一生的老师。家长的言行举止、生活习惯都潜移默化地影响着孩子的世界观、人生观、价值观的形成，甚至左右着孩子一生的行为。要以身作则，父母当然首先得保证自己德优品端、身端心正，然后再言传身教、率先垂范，以教子孙。家风的形成，有的有明确的规范，有的没有，但总会从父母长辈那里传承下来一些修身立世的品德、为人处世的原则，父母长辈良好的言传身教，正是良好家风的最大源头。

三要立规立诚，严格执行。"不以规矩，不能成方圆。"家庭更是如此。制定规矩，就是要让家庭中的每一个人都能分辨责任、承担后果，学会自动自发地去做正确的事。每个家庭都不一样，每个孩子都有不同的特质、不同的性格和习惯，所以各家也有各家的规矩。如有的家庭专注于孩子的学习，立了很多学习的规矩；有的家庭重视孩子的动手能力，

第一章　德泽源流远，家风世泽长
——家风是文化传承最好的载体

便从小要求孩子做家务，立了很多做家务的规矩。父母应当根据自家生活习惯及孩子的需求，制定一些能帮助孩子建立良好习惯的家规。像规定就寝、起床的时间，吃饭时不看电视，饭后帮助收拾碗筷，饭后必须刷牙等。此外，父母不应设定太多非必要的规矩，避免孩子因做不到而放弃。

规矩定下后，执行非常重要。好的家庭文化、好的家庭价值理念、好的家庭生活习惯，都需要家庭成员身体力行地去做，才能最终形成良好的家风。因而执行家规时不妨严一些，千万不要定了规矩，执不执行无所谓。在孩子违反规则的时候，一定要严厉惩处，绝不能姑息迁就。因为有一次迁就，孩子就会蔑视规矩，不把规矩放在眼里，久而久之，就会完全没有了规矩。

四要尊重人格，和谐相处。良好家风的重要基础是民主、平等、团结、和谐、相互尊重、相互关爱的家庭关系。家庭关系不正常，父母互相指责、埋怨、吵闹、争斗，孩子会感受到冷漠、生疏、敌对的情绪，心灵深处就会留下痛苦的伤痕，对身心健康极为不利。因此，一定要建立良好、和睦、平等、友善的家庭关系，家庭成员之间要相互尊重、相互理解、和睦相处、互相关心、互相爱护。父母要理智、冷静，善于调节和控制自己的情感，不要动不动就发火，当着孩子的面吵架，或暴力相向，更不要把火撒到孩子身上；要发扬家庭民主，尊重孩子的人格、人权，主动倾听孩子的意见，和孩子平等协商，而不是粗暴强制；要开朗、乐观，和孩子一起友好相处，和家人相亲相爱，让家庭充满欢乐情趣，给孩子创造一个温馨、开明、快乐的家庭环境，让他们在和谐、温暖和相亲相爱的人际关系中健康成长，良好的家风就会潜移默化地刻进孩子的心中。

每个家庭都自觉地培育自己优良的家风，重视家教、家训，使家

新时代，新家风
——继承传统美德，弘扬时代风尚

庭关系健康、和谐，成为个人生活成长的沃土，使家庭充满温暖、正气、亲情和正能量，使家庭中的每一个人都明是非、知廉耻、懂礼让、守本分，那么整个社会文明水平就会大幅度提高。

第二章

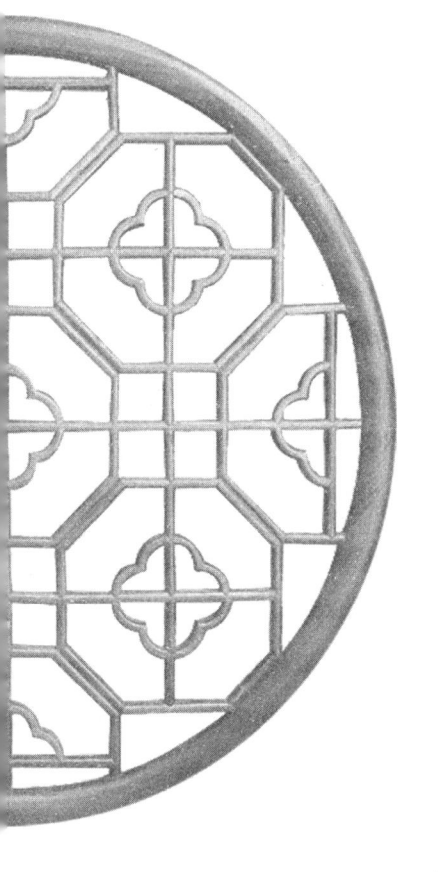

孝老爱亲，爱国尽忠

弘扬传统美德，培育忠孝家风

　　忠孝，是中华民族最为认同的美德，也是传统文化的核心，更是传统家风的灵魂和基点。以孝为本、忠孝传家，是几千年来中国人固守的传统。孝是人伦的基石，忠是做人的根本，在传统观念中，只有孝顺的家风，才能培育出忠诚儿孙，故而"求忠臣必于孝子之门"，忠孝永远是家风建设的重要内容。

第二章　孝老爱亲，爱国尽忠
——弘扬传统美德，培育忠孝家风

1 百善孝为先

孝是人世间最高尚、最美好的情感，也是作为一个人最基本、最起码的道德要求。特别是在中国，从古到今，孝都是最基本的纲常伦理、最核心的道德传统和最重要的价值观。孝是中国文化的灵魂和精髓。

"百善孝为先"，这是中华传统文化最根本的内容。从某种意义上讲，传统文化就是孝道文化，传统社会是基于孝道之上的社会，传统伦理更是建立于孝道之上的伦理关系。在中国传统社会中，"百善孝为先"的观念根深蒂固，且深入人心。一个人不管有多大的本事，多高的地位，多显赫的成绩，如果没有孝心，未尽孝道，都会为人所不耻。《孝经·五行章》说："五行之属三千，罪莫大于不孝。"民间也有"人不孝其亲，不如禽和兽""打爹骂娘，天打雷劈"的说法，不孝之人，不光会受到极为严厉的惩罚，还会被全社会唾弃和鄙夷。

古代称不孝的行为为"忤逆"，不孝子则被称为"逆子"。忤逆在汉代是仅次于谋反叛乱的大罪，被判"弃市"（在闹市区斩杀）；魏晋时期规定对不孝者要"斩首枭之"；北齐律中有"重罪十条"，不孝罪则为"十恶不赦"的罪名之一；唐代有罪大恶极的"十恶不赦"的十大罪名，排在第七位的就是"不孝罪"，唐律还规定，骂祖父母与父母的要处以"绞刑"，殴者要处以"斩刑"；明律中，凡不顺从父母致使父母生气的事皆视为忤逆，可告于官，要打板子直至判刑；大清律例明确

新时代，新家风
——继承传统美德，弘扬时代风尚

规定"凡子孙殴祖父母、父母及妻妾殴夫之祖父母、父母者，斩，杀尊长者皆凌迟处死"。

实际上"枭首""弃市""凌迟""斩"或者"绞"，这些刑罚还算轻的，古代还专门有一种针对"逆子"的极刑，比凌迟还要残酷，即"剥皮揎草""磨骨扬灰"。清代学者丁柔克在其著作《柳弧》中载有清代一件因不孝而受到"剥皮扬灰"惩罚的案例。

嘉庆十四年四月十三日奉上谕："朕以孝治天下，……今据湖北巡抚汪疏称，武生邓汉珍与妻黄氏殴母辱姑一案，朕思不孝之罪别无可加，惟有剥皮扬灰。族长不能教诲子弟，当问绞罪。左右邻舍知情不报于上，杖八十，充发乌鲁木齐。教官不能化善，杖六十，充发。府县不能治民，削职为民，子孙永不许入考。黄氏之母不能教诲其女，脸上刺字，游省四门，充发。仍将邓汉珍与妻黄氏发回汉川。邓汉珍之家掘土三尺，永不许居住。邓汉珍之母发湖北布政司，每月给米一担，发银一两体恤。著湖北总督将此案勒碑石，垂谕各省州县卫示知，嗣后倘有不孝，照例治罪。钦此。"

意思是武生邓汉珍和妻子黄氏因为殴打母亲和侮辱婆婆，被处以"剥皮扬灰"的刑罚，并将相关涉及事件的人均处以刑罚，如不教诲的族长、知情不报的左邻右舍、府县、黄氏母亲等。

此案株连之广，处罚之严酷，世所罕见，处罚手段之残忍尤其令人毛骨悚然。"人不孝其亲，不如禽和兽。"在当时的文化氛围和传统观念中，孝是至高无上的人伦道德，是立家治国的根本，是全社会都应遵守的律例，不孝之人，怎么惩处也不为过。

古代中国，不论是在传统的道德、法律、文化范畴内，还是家庭

第二章 孝老爱亲，爱国尽忠
——弘扬传统美德，培育忠孝家风

或家族内部，孝都是至为重要的内容。家规、家风对于孝道也极为重视，孝是家风的首要内容。这一点，在古代的家风建设中表现得尤为明显。几乎所有的家教、家训、弟子训，都将孝视为第一，孝是众多家规、家训的共同准则和基本要求。

北齐颜之推的《颜氏家训》中对于孝的教诲有很多："夫圣贤之书，教人诚孝"，"父不慈则子不孝，兄不友则弟不恭"。

司马光在《温公家范》中说："凡为人子者，出必告，反必面，有宾客不敢坐于正厅。升降，不敢由东阶上。上下马，不敢当厅。凡事不敢自拟于其父。凡子事父母，孙事祖父母同。妇事舅姑，孙妇亦同。天欲明，咸起，盥洗手也。漱栉梳头，总所以束发，具冠带。昧爽，天将明也。适父母舅姑之所，省问。此即礼之晨省也。父母舅姑起，子供药物。药物乃关身切务。人子必当亲自供进，不可但委婢仆。妇具晨羞，俗谓点心。供具毕，乃退，各从其事。将食，子妇请所欲于家长。（卑幼各不）得（恣所欲。退）具而供之。尊长举箸，子妇乃各退，就食。"以孝作为家训的根本。

宋代理学家朱熹在其《家规》中，把"父慈子孝"列为家风第一规制。

明朝朱柏庐的《朱氏女三字经》开头就是"七八岁，讲伦常，第一事，奉爹娘"。

清代成书的《弟子规》中更是明确了每一个人从小就应当如何对待父母，孝敬亲长："父母呼，应勿缓；父母命，行勿懒；父母教，须敬听；父母责，须顺承；冬则温，夏则凊；晨则省，昏则定；出必告，反必面；居有常，业无变；事虽小，勿擅为；苟擅为，子道亏；物虽小，勿私藏；苟私藏，亲心伤。"清代理学家曾国藩总结出"三致祥"，首先

新时代，新家风
——继承传统美德，弘扬时代风尚

便是孝致祥。

孝是中华传统家风中最重要的内容，也是中华家风的基础。中华家风孝为第一，以孝治家、以孝立家正是中华几千年来的优良传统。所谓"小孝治家，中孝治业，大孝治国"，孝也是历朝历代治国安邦的重要手段之一。在儒家的各种经典中都对孝有专门的阐述，如《论语》中就有十几次论述孝，孔子对"孝"的各个方面都有详细论述。

孟懿子向孔子请教孝的问题，孔子说："不违背。"樊迟赶车，孔子告诉他刚才的事，说："孟孙向我问有关孝的问题，我说：'不违背。'"樊迟没听懂问："什么是不违背呢？"孔子说："父母活着的时候，以'礼'的标准侍奉；故去了，就要以'礼'的标准去埋葬、去祭祀。"孟武伯请教孔子孝的问题，孔子说："对父母能付出当自己孩子生病的时候那种关心的程度才是孝道。"子游问孔子，孔子说："现在所谓的孝顺就是奉养父母，但是我们对于狗和马也能养，如果你不尊敬父母，那你跟养狗和马有什么差别呢？"子夏问什么是孝道，孔子回答说："在父母面前，始终和颜悦色很难。有事情，年轻人去帮着做；有了酒饭，让长辈吃，难道这样就是孝吗？"

这些论述表达了孔子对于孝的理解和感悟，也成为儒家孝道文化的核心伦理。百善孝为先，孝是一切品行和美德的起点，不孝之人不可能受人敬重，不孝之人更不可能取得成功，甚至都不配为人。这是传统文化中对于孝的基本的定义。

在科技飞速发展、时代日新月异的今天，对中国人来说，孝，依然是天经地义的责任,是立身处世的根本,是治家传家的法宝,是家风、家教的核心。百善孝为先,重树家风,就是要挖掘传统家风中孝的传统,重新找回孝的意义,让孝的传统代代绵延下去。

孝敬父母，赡养老人

孝敬父母是孝道家风的核心。我们一贯所说的孝，在很大程度上是说的对父母的孝顺，然后才扩展到对祖父母、外祖父母及其他长辈的孝敬。因而，对父母的孝是孝的根本和核心。

那么，怎样来孝敬父母呢？在传统孝道中，孝敬父母至少包括下面六个方面。

一是敬亲，即尊敬父母。这一点是尽孝的前提，中国传统孝道的精髓在于提倡对父母首先要"敬"和"爱"，没有敬和爱，就谈不上孝。孔子曰："今之孝者，是谓能养。至于犬马，皆能有养。不敬，何以别乎？"意思是说，对待父母不仅仅是物质供养，关键在于要有对父母的爱，而且这种爱是发自内心的真挚的爱。没有这种爱，不仅谈不上对父母孝敬，而且和饲养犬马没有什么两样。同时，孔子认为，子女履行孝道最困难的就是时刻保持这种"爱"，从而心情愉悦、脸色柔和地对待父母，即"色难"。

二是奉养，即赡养父母。奉养属于物质层面，是孝的基础中的基础。子孙要从物质上供养父母，即赡养父母，"生则养"，这是孝敬父母的最低准则。儒家提倡在物质生活上要首先保障父母，如果有肉，要首先让老年人吃。这一点非常重要，孝道强调老年父母在物质生活上的优先性。

三是侍疾，即父母有病时要及时延医请药、尽心尽力地陪伴照顾。

第二章 孝老爱亲，爱国尽忠
——弘扬传统美德，培育忠孝家风

人年纪大了，身体衰弱，容易得病，因此，传统孝道把"侍疾"作为重要内容。父母有病一定要精心照料，多给父母生活和精神上的关怀。

四是立身，即有所作为。《孝经》云："安身行道，扬名于世，孝之终也。"这就是说，做子女的要努力奋斗、成就一番事业，因为儿女事业上有了成就，扬名立万，父母也随之脸上有光，就会感到高兴、光荣、自豪，这是对父母最终极的孝道。因而终日无所事事，一生庸庸碌碌，也是对父母的不孝。

五是谏诤，即规劝父母。《孝经·谏诤章》指出："父有争子，则身不陷于不义。故当不义，则子不可以不争于父"。也就是说，在父母做错或有不义言行的时候，不仅不能顺从，还应规劝、谏诤父母，使其改正错误，防止父母陷于不义，污损父母名声。

六是善终，即为父母操办后事。《孝经》指出："孝子之事亲也，居则致其敬，养则致其乐，病则致其忧，丧则致其哀，祭则致其严。五者备矣，然后能事亲。"儒家的孝道把送葬看得很重，在举办丧礼时要尽各种礼仪，这也是孝的重要内容。

做到这六条，就是孝敬父母。六条之中，又以"敬亲"为第一。

孝敬孝敬，孝的关键在于"敬"。孝的实质是什么？是尊敬。"孝之至，莫大乎尊亲"，这是孟子的观点。孟子强调的是赡养父母最需要的是一个"敬"字。这才是孝道的"赡养"和其他的各种"养"的重大而本质的区别。没有"敬"的孝，给予父母再多的物质也算不上是真孝。

马有钱是一个个体老板，腰缠万贯，对父母也从不吝啬，大把花钱，父母的吃喝穿戴也非一般人能比，这使全村的老人都很羡慕。村里的老人们都说马家二老是一对幸福老伴，真有福。马家二老听到后却并无喜色，也没有露出真正幸福的表情。众人不解，便问马老汉这么好的生活还有啥不知足的？马老汉说："天天堆着大鱼大肉，就是见不到一次笑脸儿，你说有啥意思？嘱咐他两句吧，他就不爱听了，马上呲儿（斥责）我：'你老知道个啥？别有事没事跟着瞎搀和！有好吃好喝不得了？'"马老太也说："让我顺心就是吃糠咽菜我都是乐的，你们说我有福，我还说你们有福呢！"

可见，给钱给物，物质齐全，养是养了，却算不得是孝。给了再多物再多钱，父母并没有高兴起来。失却了"敬"，"养"得再好，也不算真正尽孝。

今天还是有相当多的人认为，孝，就是给父母钱，让他们安度晚年，吃得饱，睡得好，比谁都过得奢侈享乐，就是自己的孝心了。但是，父母会因此高兴吗？会因此而觉得得到了儿女的孝敬吗？现代社会发展如此之快，人们的生活水平日益提高，解决父母温饱、赡养父母、甚至让父母过上好的物质生活，已经不是问题了。然而"养"只是为人子女者对于父母最底线的责任而已。如果没有从心里对父母尊敬，父母也不会因此而感到高兴。你带来的山珍海味，父母吃着也没有一点滋味；你带来的金银珠宝，父母也无心佩戴。

在今天，孝的意义不仅仅是侍奉父母、祖父母、岳父母、叔伯父母以及家中的老人、长辈，还要推己及人，"老吾老以及人之老"，在家孝敬父母，出外尊敬长者，把家庭敬老观念推广到社会。这就要求人们不仅要孝敬自己的父母，而且也要用同样的感情去敬爱别人的父母。对所有年长的、辈分高的人，都要尽孝，都要尊敬，都要遵守"五伦"准则，从而使整个社会的敬老、爱老之风绵延传承，促进社会和谐。

当然，除了孝敬父母、赡养老人，尊祖敬宗也是传统孝文化的重

第二章　孝老爱亲，爱国尽忠
——弘扬传统美德，培育忠孝家风

要内容。如果说孝敬父母是最根本的孝，最直接的孝，最需要具体行动、体现在日常生活中的孝，那么尊祖敬宗则是刻印在中国人骨子里、融进了中国人血液中的孝。从孝这个字的构成来看，孝是一个会意字，上面是个老字，下面是个子字。孝这个字的含义就是说，上一代与下一代是一体。上一代还有上一代，过去无始；下一代还有下一代，未来无终，无始无终是一体。所以中国的孝有小孝、大孝，近孝、远孝之别。小孝孝于庭帷，大孝孝于天下，近孝孝于一时，远孝孝于万古。尊敬长辈、孝敬父母也是最基本的家风。

新时代，新家风
——继承传统美德，弘扬时代风尚

3 培育感恩之心，回报父母恩情

孝道文化，实际上也是一种感恩文化。孝敬父母的本质是感激父母的养育之恩，回报父母的无限恩情。那么，有多少人了解，父母对我们的恩情到底有多深？

《诗经·小雅·蓼莪篇》："哀哀父母，生我劬劳""父兮生我，母兮鞠我，拊我畜我，长我育我，顾我复我，出入腹我"。道家有《太上老君说父母恩重难报经》《玄天上帝说报父母恩重经》《太上真一报父母恩重经》《元始洞真慈善孝子报恩成道经》等。

对父母尽孝，回报父母的恩情，是培育家庭感恩之心的最好途径。这样的感恩之心正是在孝敬父母的过程中培养出来的。孝敬父母其实并不需要轰轰烈烈、铺金洒银，也不需要鸣锣开道、天下皆知，孝敬父母其实是最平常、普通的事情，无非是为父母多做一点、多想一点，对父母尊敬一点、理解一点，爱父母多一点，让他们高兴一点。具体怎么做，《弟子规》里说得最清楚。

"父母呼，应勿缓；父母命，行勿懒；父母教，须敬听；父母责，须顺承。冬则温，夏则凊；晨则省，昏则定；出必告，反必面；居有常，业无变。

"事虽小，勿擅为；苟擅为，子道亏；物虽小，勿私藏；苟私藏，亲心伤；亲所好，力为具；亲所恶，谨为去。身有伤，贻亲忧；德有伤，贻亲羞。

"亲爱我，孝何难？亲憎我，孝方贤。亲有过，谏使更；怡吾色，柔吾声。谏不入，悦复谏；号泣随，挞无怨。

"亲有疾，药先尝；昼夜侍，不离床。丧三年，常悲咽；居处变，酒肉绝。丧尽礼，祭尽诚；事死者，如事生。"

很多人心中有孝，感念父母的恩情，却迟迟没有行动，因为他们觉得一切都还早，父母还年轻，自己的事业才刚刚起步，孝敬父母，以后再说。现在先让自己拼出个模样来。于是忙于事业，忙于经营自己的家庭……孝心就在这一天天的等待中越积越厚，孝行却在这一天天的等待中越行越远。对父母的感恩之心时时都在，但感恩的行动却少之又少，只到某一天，恍然大悟，却为时已晚，空留遗憾，徒流悲泪。这才是最不值当的事情。懂得知恩、感恩的孩子，不仅会孝敬父母，更会体谅他人、尊重他人、感恩他人，对其日后走向社会、建立和谐的人际关系有着重要的作用。所以，培育忠孝家风的同时，也要在家教、家风中融入感恩的内容，从小培育孩子的感恩之心。

首先，要注意在家庭中培养感恩的习惯。让孩子从小就浸润在感恩的环境里，真心体会感恩，就要有意识地让孩子从小学会表达感谢。如妈妈帮爸爸做事时，爸爸可以大声地对妈妈说："谢谢！"妈妈接受爸爸的帮助也要说一声："谢谢！"爸爸送给孩子礼物时，要告诉他这件礼物是爸爸给他的，他要感谢爸爸；他人为孩子送了礼物或做了什么，也要让孩子表达感谢，如这个玩具是阿姨送的，他要说谢谢阿姨。在这种氛围中，孩子耳濡目染，感恩之心会日渐强化，学会感谢父母、回报父母、孝敬父母，将感恩内化于人格之中。

新时代，新家风
——继承传统美德，弘扬时代风尚

其次，在家庭中父母要多给孩子感恩和孝敬的机会。比如下班回家累了，让孩子帮忙拿拖鞋；请孩子倒杯水给自己喝……让孩子学会给予，懂得父母和别人的给予与帮助是一种"恩惠"，而不是理所当然的。如果孩子没有分一口好吃的给父母，没有记住父母的一个小要求，或者没有主动为父母做事、感谢父母的行为，父母都要适度地批评并及时引导。

当然我们不能仅仅这样说，也要用自己的行动来告诉孩子，比如对自己的父母、岳父母、长辈的孝顺、尊敬和感恩，都会是孩子学习的好榜样。

最后，要及时表扬孩子的孝敬行为和感恩之心。在孩子回报父母或是为父母做了事情后，不管他是主动的还是被动的，不管他做得是否令人满意，都要发自肺腑地感谢他、赞扬他，鼓励这种良好的行为习惯。那么孩子肯定会受到鼓舞，会越来越愿意做这样的事情，孝顺行为和感恩之心也就自然而然地培育起来了。

通过在家庭中开展孝敬父母和感恩父母的教育，让孩子知道什么是感恩、为什么要感恩、如何感恩，以实际行动回报父母和社会，在孝敬父母、回报父母的行为中培育感恩之心，这样培育出来的孩子，一定是懂得感恩和分享的人，将来在学校里、社会上，也必然能得到更多的欢迎和支持。

4

开展家庭爱国教育，从小培养爱国思想

爱国是中华民族的传统美德。在中华民族五千年的历史长河中，爱国为国、精忠报国始终是中华民族激昂的主旋律。"家是最小国，国是千万家""先有大国，后有小家"，爱国报国、忠心报国的家风，也始终是中国家庭自古以来的优良传统。中国人的爱国情怀，可以说是存在于骨子深处的一种本能。

但这种情怀不是天生就有的，而是一代又一代人不断教育和培养的结果，几千年传承下来，这种情怀已经深深地刻进了内心深处，融进了血液中，成为中国文化和传统家风经久不衰的重要内容。建设优秀家风，爱国报国是绝对不能缺少的内容。每一个家庭都应当在家教、家训中融入爱国报国的内容，从小培育家庭成员的爱国情怀。

爱国诗人陆游，一生追求爱国报国，也特别注重对儿孙的爱国教育，谆谆告诫儿孙要忧国忧民，忠君报国。他的诗歌有相当一部分是爱国报国的内容。著名的如《十一月四日风雨大作》："僵卧孤村不自哀，尚思为国戍轮台。夜阑卧听风吹雨，铁马冰河入梦来。"一片爱国报国心，尽在其中。而陆游能成为一位爱国诗人，也与他的家风大有关系。

陆游童年时，金王朝女真族大举南侵，祖国山河四分五裂，中原人民妻离子散。陆游还在襁褓之中时就随同全家逃避兵乱，流离转徙，

新时代，新家风
——继承传统美德，弘扬时代风尚

困苦万状。他的父亲陆宰是一位具有爱国思想的士大夫，曾和军民一道进行过反抗侵略的斗争。绍兴十年（1140年），岳飞大败金兵，赵构、秦桧连下十二道金牌将岳飞调回，并以"莫须有"的罪名将其下狱致死。看到这种情况，爱国志士痛心疾首。陆游的父亲和朋友们在一起聚会时，总要谈到百姓生灵涂炭、金人残暴肆虐的情景，常常气得咬牙切齿，谈到秦桧的卖国行为，更是个个怒发冲冠、拍案痛骂。客人走后，陆游的父亲经常一个人呆呆地坐着，黯然落泪。这一幕幕感人肺腑的情景，给陆游上了一堂堂生动的爱国忧民教育课。

同时，陆游也把这种家风传给了儿孙。据记载，陆游家训共二十六则，其从40多岁开始写，直到80余岁仍在不断增补。陆游很重视子女教育，写了一百多首教育儿子的诗，很多诗也是教子爱国的内容，如著名的《示儿》："死去元知万事空，但悲不见九州同。王师北定中原日，家祭无忘告乃翁。"以这种形式传承家风，他的爱国思想也深印在了儿孙的心中。

爱国是每个人最基本的义务，也是所有家庭都应该注重的家风。因为没有一个人可以离得开国家，没有天哪有地，没有国哪有家？家是最小国，国是千万家。国之不存，家之焉附？只有国家富强，才有家庭兴旺。所以爱国是中国家风建设中的重要内容，要求子女倾力践行。这样的家训比比皆是，明朝文学家吕坤在他的家训中说："瞒人之事弗为，害人之心弗存，有益国家之事虽死弗避。"这些都强烈地表达了他们的爱国情怀和对儿孙爱国报国的满腔期望。

那么，一个家庭怎样才能在家风传承中进行爱国教育呢？

一要多给孩子讲爱国故事。父母要经常给孩子讲中华民族悠久的历史、灿烂的文化和无数引以为豪的科技发明、壮丽山河。比如多讲上

第二章　孝老爱亲，爱国尽忠
——弘扬传统美德，培育忠孝家风

下五千年的中国历史和辉煌灿烂的古代科技成果；讲屈原、岳飞、文天祥、郑成功等爱国人士的故事；讲林则徐、邓世昌、孙中山等爱国志士的故事；讲吉鸿昌、杨靖宇、赵尚志、邱少云、黄继光等爱国将士的故事；讲中国女排、航天英雄、边境战士的故事。让孩子在故事中了解爱国英雄的信仰和高尚品质，在故事中感受到仁人志士爱国报国的一腔热血，领悟到爱国报国的高尚情怀，从小激发爱国热情。

二要以身作则，提升自己的爱国主义素养。平时多说爱国话，赞美和颂扬祖国的江山之美、历史之久、文化之深厚、成就之辉煌，在一言一行中表达对祖国的热爱之情。要让孩子以自己是中国人而感到骄傲和自豪，并且在任何时候都本着不让中国人丢脸的信念来做事。久而久之，对祖国的美好感情也会在孩子的心中建立起来。

三要引导孩子多读爱国书籍，多看爱国主义电影和电视节目，多感受爱国报国的情怀、为国增光的骄傲。家长要引导孩子多读中国的历史、文化、山河、地理等相关读物，如《我们是中国人》《中国之最》等，让孩子从书中知道祖国的伟大，增强孩子的民族自尊心与自豪感。平常和孩子一起看电视里的体育比赛时，让他体会运动员为国争光的精神和意志，体会作为体育强国的一员所拥有的自豪感，并且对为国增光的运动员给予衷心的赞美，让孩子明白这样也是报国的方式。家长要设法克服自己的一些偏爱，让孩子在场景气氛中受到熏陶，接受教育。这些都是很好的爱国教育的方式。

四要多让孩子了解祖国大家庭。通过画报和地图告诉孩子中华民族是一个多民族的大家庭。让孩子知道除了自己周围的人以外，在这片土地上还生活着一些和自己生活习惯、衣着服饰、饮食文化、居住环境都大不相同的人，而这些人有一个共同的名字：中国人。有机会的话，带孩子游历祖国的大好河山，欣赏山川之美，感受不同的民族风情，品

新时代，新家风
—— 继承传统美德，弘扬时代风尚

尝不同的民族小吃，听不同的民族音乐，参观各种纪念馆、博物馆、文物古迹，都是丰富孩子对祖国认知的好办法。

五要多给孩子灌输爱国思想。比如教给孩子一些国防知识，引导孩子树立保家卫国、报效祖国的理想。平常多带孩子到纪念馆、博物馆、烈士陵园等爱国主义教育基地参观学习，让孩子既看到我们中国光辉的历史，又看到今天突飞猛进、日新月异的发展变化，从而更加热爱今天的中国。

六要引导孩子从身边的事情做起，培养爱心。由小及大，由爱爸爸妈妈、爱老师、爱班级、爱社区、爱家乡再到爱祖国、报效祖国。

如果一个家庭有这样的家风，父母经常这样对孩子进行爱国教育，长此以往，爱国报国的思想也就在孩子的心中根深蒂固，孩子会自觉继承和发扬爱国主义的光荣传统，时刻准备着报国，并以此为家教准则。爱国家风也就会这样一代一代传承下去。

5

以报效祖国为家庭愿景

要塑造爱国家风，不仅要在家庭中营造爱国报国的氛围，还要把时刻以国家为重、以报效祖国为己任的思想贯穿到家庭教育的各个方面，让家庭中的每一个成员都感受到爱国的热情，都把爱国报国作为自己应有的责任和义务，以报效祖国为己任，把报效祖国作为家庭的共同愿景，那么，爱国的家风更容易形成。

有"中国知识分子第一人"之称的梁启超，在政治和学术方面有卓越成就，是中国近代著名的政治活动家、启蒙思想家、教育家。他身处社会激荡变革之中，爱国救国之心始终不变，其爱国报国的家风也一直为人称道。梁启超有九个儿女，个个成才，而且其中有三位院士，一位图书馆学专家，都是国家的顶级人才，他们都一心想着报效祖国，为建设祖国贡献出了全部的力量，而这正是良好家风孕育的结果。

梁氏一家几代人都抱持着"爱国、务实、上进、勤俭"的家庭教育精神和心怀家国的赤子情怀。

在儿女们年幼时，梁启超就着力培养他们的爱国精神，给他们讲述爱国英雄的故事，从而使民族英雄的精神印入儿女的脑海。孩子们长大进学校后，梁启超也不放松对他们的爱国教育，对留学国外的孩子们学成回国做什么，都有细致的考虑。他要梁思成在美国学习结束后，再

新时代，新家风
——继承传统美德，弘扬时代风尚

到欧洲学一年回国，并建议回国后的梁思成到东北大学工作。他同意梁思永在美国学习考古期间，回国实践一年再出国继续求学的要求，以便将国外新考古方法运用到中国。他要梁思庄学生物学和图书馆学，回国后和梁思永一起当他的助手。他要梁思忠在美国陆军学校读完书后回国入黄埔军校。他请谢国桢做家庭教师，教梁思达、梁思懿、梁思宁念中文，以便将来报效祖国。

梁思成是我国著名的建筑学家，因为早年车祸伤及脊椎，后来得了脊椎软骨硬化症，其妻林徽因也有严重的肺病。当时美国的一些大学和科研机构想聘他们夫妇去工作，这样对他们夫妇治病也大有好处。但他们回答说："我们的祖国正在灾难之中，我们不能离开她，哪怕仅仅是暂时的。"北京解放前夕，梁思成帮助解放军标明市内古建筑的位置，以免遭到炮轰，为保护首都古迹作出了重要贡献。

梁思礼是中国航天事业的奠基人，也是当代中国导弹控制系统的带头人，为我国的航天事业作出了重要贡献。

梁思永是考古学家，长期工作在考古战线上，梁思懿、梁思宁主要在国内从事社会政治活动，梁思达夫妇坚持留在大陆，长期在金融系统工作。

梁启超的子女教育成为他教育思想和人生信念最成功的试验，九个子女人人学有所长，个个忠心报国。

这样的家风传承到孙辈时依然如是，以爱国为第一。梁思成和林徽因的女儿梁再冰说："我们的家风就是不能只想到家，应该首先想到国，先有国才有家。"梁思礼的女儿梁旋说："祖父说，人必有爱国心，然后方可以用大事。父亲经常用这句话教育我们，为祖国奉献全部。"

"一生家国梦，几代赤子心。"梁启超是真正的爱国者，不论是"公车上书"时的壮举，还是《少年中国说》的正义，抑或是对子女报效祖国

第二章 孝老爱亲，爱国尽忠
——弘扬传统美德，培育忠孝家风

的教育，无一不是爱国的表现。梁家的爱国家风，也正是由此而来的。

家风是无言的教育，家庭里崇尚什么，就会培育出什么样的人才。在家庭中把报效祖国作为全家的愿景，每一个成员都必然会成长为爱国爱家、愿意为家国而牺牲、为家国而献出一切的人。

热爱祖国、报效祖国，为祖国愿意献出一切，任何时候绝不背叛祖国，这是一种爱国主义的价值观，是由很多具体的、甚至很细小的行为构成的，这些行为和认识都是从家庭的日常生活中获得的。当一个家庭把热爱祖国作为基本的价值观、把报效祖国作为家庭的共同愿景时，无形之中已经把爱国情怀深植于家庭的每一个成员心中，爱国也就成为了一种家风。在国家有难时，无数英烈前赴后继、以生命和热血报效祖国，并激励子孙后代传承爱国家风，立志报效祖国，才有了一代又一代人的精忠报国之举。如屈原、陆游、文天祥、辛弃疾、岳飞、陆秀夫、史可法、郑成功、林则徐、关天培、邓世昌……古往今来，多少仁人志士为国为民舍生忘死，倾尽一切，多少爱国英雄抛头颅、洒热血，至死不渝，这些都是家风滋养的结果。

"天下兴亡，匹夫有责。"报效祖国，也是我们每一个人义不容辞的责任和义务！

报效祖国，不仅仅是抛头颅、洒热血、上前线，为保卫祖国而牺牲一切，在今天这样的和平时代，报效祖国还有更多的方式。发挥自己的特长，当体育运动员为国争光，是报效祖国；当法官、做警察，为实现社会法治而努力工作，也是报效祖国；当一名新时代的军人，保家卫国，亦是报效祖国；做一个平凡的普通人，在自己平凡普通的岗位上默默工作，为祖国的经济建设添砖加瓦，同样是报效祖国。

在家庭里设定报效祖国的愿景，并不需要多么高大上的目标，把自己分内的事情做好就可以了。当学生的好好学习，学好本领；上班的好好工作，把工作做出成绩，就是自己的爱国报国方式。一个家庭把报效祖国作为家庭的共同愿景，家规、家训中应当要明确列出爱国的条目，规定损害祖国利益、背叛祖国的事情绝不能做，同时鼓励爱国报国的行为；在平常的家庭生活中也需要时时强调报国愿景，激发每一个家庭成员的爱国心、报国志，树立为国效力的理想。

作为家长，要给家庭成员树立良好的榜样。平常多利用家庭生活亲密、琐碎等特点，把爱国和报国的思想尽可能生活化、具体化、形象化，从小事、小节、细致具体的行为入手，向榜样学习，强化报国之心，从而使报国理想深入每一个家庭成员的内心。

6 参加爱国活动，把爱国落实到行动上

热爱祖国、报效祖国，不应当只是一句空荡荡的口号，也不应当只是挂在墙上的标语，而应当是出自内心的自觉和实实在在的行动。所以建设爱国家风，不能光喊口号，要把爱国报国落实到实实在在的行动上，比如说，以家庭为单位参加各种各样的爱国活动，用行动强化爱国之心，把爱国之心落实到爱国之行上，爱国家风更容易形成。

比如，清明节带孩子一起专门去烈士陵园祭奠先烈，给孩子讲述前辈英烈的英雄事迹，传递给他们的爱国精神，从而把爱国思想植入孩子的内心。

小张是北京一家公司的职工，他的父母和祖父母都是老革命，清明节祭奠先烈是他们家的传统，这种家风一直传承到现在。小张的儿子8岁时，就已经参与过8次祭奠英烈的活动，对英烈的崇拜让他从小在心里树立起了爱国理想。

小张说，他很看重清明节扫墓祭奠这个仪式，每年清明节他们家都会为英烈扫墓，这已经成为家庭传统。借扫墓的机会，小张也向孩子讲述爷爷、祖爷爷及英烈们的故事，让孩子从小就体味祖辈的爱国情怀，体味血脉亲情，饮水思源，不忘烈士之恩。通过给烈士献花、点烛、祭酒，小张表达对这些爱国志士的崇敬和追怀之心，也让为国尽忠的思想

新时代，新家风
——继承传统美德，弘扬时代风尚

在孩子的心中扎下根。

除清明节祭奠先烈外，平时小张也会带儿子去中国革命历史博物馆和中国人民抗日战争纪念馆等爱国主义教育基地参观学习，并积极参加基地组织的各项爱国活动，观看爱国教育专题片等。

实实在在的行动，对于一个家庭特别是对于孩子来说，是最有效的教育。在家庭中开展爱国主义教育，培育爱国主义思想，不仅需要在家规、家训中特别强调，更需要多参加一些实实在在的爱国主义活动，在实践和体验中让爱国主义思想深入灵魂。

除了祭奠英烈，还有很多爱国主义活动，父母都可以带全家人一起尽可能地参与进去。每一次参与都将是一次心灵的洗礼，都会让爱国主义的思想在脑海中打下更深的烙印。比如参加植树活动、公益劳动、爱国主义基地参观活动，看望老红军、拜访英雄人物等，还可以参加国粹教育、国耻教育、国情教育、国策教育、国格教育的活动，让孩子充分认识和了解祖国，认识到祖国的历史是一部光辉灿烂的历史，同时又是一部屈辱史，认识到"落后就要挨打"的道理，引导孩子树立强烈的民族自尊心、自信心，增强民族认同感和归属感，动之以情、晓之以理，激发他们强烈的社会责任感和爱国热情。只要积极引导，孩子们就会在这些实践活动中获得从书本上无法得到的东西，有自家特色的爱国家风也会得以形成。

第三章 施仁布泽，行善积德

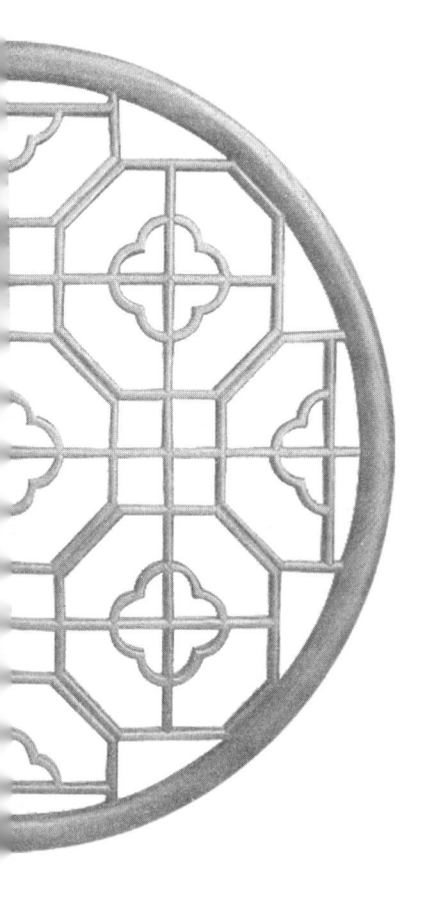

弘扬善良美德，建设仁善家风

仁爱善良，是儒家伦理的核心，也是儒家道德的根本。儒家的道德观念都是从仁出发，崇仁尚爱、行善积德，助人为乐、扶危济难，仁善家风也成为众多家庭追求的目标，许多家庭把"积善之家，必有余庆；积不善之家，必有余殃"奉为家风建设的圭臬。

第三章 施仁布泽，行善积德
——弘扬善良美德，建设仁善家风

1 诸恶莫作，众善奉行

善良是中华传统美德之一，也是中华传统优良家风之一。"诸恶莫作，众善奉行"几乎是几千年来中国家族所信奉的共同的家训之一，是教育子孙行善积德、打造厚道仁善家风的重要家训。

所谓众善奉行，就是不论是大善小善、真善假善，都要奉为至上，努力践行，"勿以善小而不为"；而诸般恶行，不论大恶小恶、真恶假恶，都要一律避免，全力杜绝，切不可作，"勿以恶小而为之"。

善良是一切美好的源头，也是所有家风最基本的底色。它能衍生出孝顺、忠诚、俭朴、勤勉、敬业、诚信、谦恭、文明等一切美好的品质。一个家庭要绵延仁善家风，一定要教育和引导子孙保持善良的天性，心怀善良之心。这是仁善家风的根本，也是仁善家风得以绵延的根本。

《三字经》里说："窦燕山，有义方。教五子，名俱扬。"民间也有"五子登科"的传说，说的都是五代时期蓟州渔阳（今天津蓟县）的窦禹钧（又称窦燕山、窦十郎），以家教有方名于世，以家风仁善得福禄的故事。

窦燕山原名窦禹钧，是五代后周时人，曾任左谏议大夫，后世称其为"窦燕山"。他出生于富豪之家，富甲一方，却仁爱善良。范仲淹在他撰写的《窦谏议录》中说："诸子进士登第，义风家法，为一时标表。冯道赠禹钧诗云：'燕山窦十郎，教子以义方。灵椿一株老，仙桂五枝

新时代，新家风
——继承传统美德，弘扬时代风尚

芳。'人多传诵。"书中还记载了这样一件事。

"家有仆者，盗用过房廊钱二百千，仆虑事觉，有一女年十二三，自写券，系于臂上，云：'永卖此女，与本宅偿所负钱。'自是远逃。禹钧见女子券，甚哀怜之，即时焚券，收留此女，祝付妻曰：'养育此女，及事日，当求良匹嫁之。'及女笄，以二百千择良匹，得所归。后旧仆闻之归，感泣诉以前罪，禹钧不问。由是父子图禹钧像，日夕供养，晨兴祝寿。"这段文字的意思是说窦禹钧的一个仆人盗用窦家一大笔钱后，写了个"永卖此女，与本宅偿所负钱"的字句，系在自己年仅十二三岁的女儿手臂上，然后远逃他乡。窦禹钧知道后，认为这个仆人也算是故人，用以"抵债"的女孩也是故人子女，不仅烧掉了凭证，还收养了这个可怜的女孩，将其抚养成人，又置办了很多嫁妆，风风光光地将其嫁了出去。仆人听说窦禹钧如此大义，赶紧回来谢罪。窦禹钧原谅了他，对前事一概不提。

窦禹钧富甲一方，仗义疏财，对人仁善，对亲朋故旧照顾有加。凡亲朋故旧中有人去世，因贫不能操办丧事，他都会主动出钱相助。他一生中为27个死者办理丧事，为28个穷人家的女儿置办嫁妆。有家贫无以为生的，他济以粮米，无生活来源的，他主动借钱给他们做生意，使其发家致富。十里八方俱感其仁善。他去世后，得到过他帮助的一些人曾为他守孝三年，作为报答。他的5个儿子个个有出息，都榜上有名、功名在身，民间称为"五子登科"，认为都是因为他的仁善心积善德所得的福报。5个儿子也都继承了父亲的仁善家风，并代代相传。

《易经》上说："积善之家，必有余庆；积不善之家，必有余殃。"这是说，长期积德行善的人家遗留给子孙后代的必定是福泽恩德；而多行不义的人家留给子孙后代的必然是灾祸。抱持善良之心，传承仁善家风，当然会有福报。

第三章 施仁布泽，行善积德
——弘扬善良美德，建设仁善家风

仁善的家风是家族绵延不绝的根基，一定要从小培养孩子的善良之心，打造仁善家风，并将这种家风一代一代传承下去。

那么，如何打造仁善家风，培养孩子的善良之心呢？可以从以下几个方面做起。

第一，以身作则，心怀善良。家庭氛围对孩子的影响是巨大的，父母的言行举止会潜移默化、润物无声地引导着孩子。父母心怀善良，对人友善，说话语气平和，做事宽厚大度，为人谦逊亲切，处世厚道温和，孩子也会仿效。

第二，心口一致，不出恶言。对孩子，真诚是最重要的，不能装善良，当面一套背后一套必然会被孩子看穿，孩子也会跟父母学习。父母说话做事要心口一致、不虚不假，平时要做到：不说虚伪不实的话，不说伤人刺人的话。俗话说："良言一句三冬暖，恶语伤人六月寒。"恶言伤人，甚于刀剑。人生在世，想要广结善缘，就要温言软语，谦恭有礼。要教会孩子不说挑拨离间、破坏和谐的话；不说颐使气指、傲慢自大的话；不说伤风败俗、污浊难听的话；不说揭人疮疤、伤害感情的话；不两面三刀、花言巧语；不说空口无凭、无根无据的话；不说冤枉他人、侮辱他人的话。

其中最重要的是不说挑拨离间、破坏和谐的话。许多人际间的矛盾都是因为一些人搬弄是非、挑拨离间引发的。所谓"来说是非者，便是是非人"。挑拨离间就是恶行，是最不能做的恶行之一。父母务必带好头，杜绝说这一类的话。不出恶言，多说好话、多说让他人感觉舒服、对他人有好处的话，会让自己更受欢迎，也是在积累善德。民间说的积"口德"，就是指这种嘴上的善行。

第三，多行善举，累积善德。父母在日常生活中要多做有益他人、助人为善的事，哪怕是对最细微的事情也要有善心、善举。俗语说：上

新时代，新家风
——继承传统美德，弘扬时代风尚

天有好生之德。顺道者则昌，逆道者则亡。爱护万物才符合大自然法则，社会才能繁荣昌盛，哪怕是小鸟、小鱼、小虫、小草，也要仁心以对，爱护有加。平时清廉公正，不染歪风邪气，耿介端方，不为利益诱惑；不怕吃亏，把吃亏当成是福，不斤斤计较，不嫉妒小气；多站在别人的角度，多为别人着想，多帮人助人，扶危济困，为孩子做好榜样。孩子都是看着父母学的，父母常常这样做，孩子自然也就学会了。

第四，鼓励善行，纠正恶行。"人之初，性本善。"孩子都是心怀善良的，父母要小心地保护孩子的善良天性。很多孩子对小动物都特别有爱心，想保护动物，父母看到孩子的这种行为，要及时给予肯定和赞赏，绝不能因为孩子违背了父母的意愿而否定孩子的这种善举。否则，就会给孩子造成"善良是错误"的错觉。如果看到孩子的恶行，不论多么微不足道，也要及时纠正。有的孩子喜欢跟风，喜欢抓一些小动物来残害，父母一定不要助长这种行为。有的孩子还会和别的孩子一起欺负弱小甚至是身有残疾的孩子，父母一定要制止这种行为，并教育孩子要站在别人的角度想问题，让孩子体会到别人的感受，从而做出善良的举动。有时候孩子只是觉得好玩，并非要"作恶"，但如果父母不予制止，就会助长孩子的恶行，久而久之，孩子的内心已经向恶却还不自知，这才是最可怕的。

总之，不论是在生活中还是在其他场合时，都要教导孩子"众善奉行，诸恶莫作"的信条，并让孩子一生坚守这样的信条，孩子一定会成为一个善良、宽厚、有道德的人，让仁善家风世代绵延。

古训《增广贤文》中有一句话："一毫之恶，劝人莫作；一毫之善，与人方便。"善与恶往往是一念之间。哪怕是一点坏，我们也要说服别人不要去做；无论是多么微小的好事，也要给别人带来方便。劝别人别作恶之前，我们自己先要做到"诸恶莫作，众善奉行"，并从小教导儿孙行善积德，传承仁善家风。

第三章 施仁布泽，行善积德
——弘扬善良美德，建设仁善家风

2

老吾老以及人之老，幼吾幼以及人之幼

心怀善良，家风仁善的人，不仅会对自己的家人、亲朋好友亲切，待之以善，更会把这样的家风传导到全社会，对所有的人都如此。"老吾老以及人之老，幼吾幼以及人之幼"，就是仁善家风最好的表现。

尊老爱幼是中华民族优良道德传统的精华，也是家风传承之首。"老吾老以及人之老，幼吾幼以及人之幼"的意思就是要在全社会范围内推广尊老爱幼的传统，要求所有的人"尊敬自己的长辈，并以同样的态度对待他人的长辈；爱护自己的孩子，并以同样的态度爱护他人的孩子"。尊老爱幼，包括家庭内和家庭外。尊老爱幼，在家庭内，指的是要赡养双亲，要照料父母的生活，关注他们的想法，奉养他们的生活起居，尽到子女的责任；在家庭外，则要尊敬年长之人，爱护年幼之人。

很显然，"老吾老"是孝顺家风的重要内容，孝敬自己的父母、长辈正是孝道的开始。孝道本来就是爱心、仁心和善心的表现。"老吾老"是为人子女所应承担的义务和责任，也是子女对父母敬爱之心的最好表达；"幼吾幼"既是为人父母的义务和责任，更是人的天性的发挥。但仁善之家不能仅仅满足于对自己家老人的孝敬，对自己家儿女的疼爱，还要推而广之，对所有的老人都要孝敬；对所有的孩子都要爱护。这样的家风，才是真正把"仁善"二字做到了极致。

要培养尊老爱幼的家风，家长就要以身作则，培养孩子尊老爱幼

新时代，新家风
——继承传统美德，弘扬时代风尚

的习惯。在家庭生活中还可以从以下几个方面入手培养尊老爱幼的习惯，培育仁善和睦的家风。

一是建立合理的长幼有序的家庭关系。所谓"合理"，是指全体家庭成员（包括子女）之间是民主平等的，父母尊重孩子的独立人格，尤其是在处理孩子自己的事情时，一定要充分听取他们的意见。同时，孩子应当在父母的指导帮助下生活、学习。长幼有序，就是在家庭中要建立长辈和晚辈之间严格的礼仪关系，培养长辈在前，晚辈在后，晚辈必须尊敬长辈，长辈必须爱护晚辈的家庭氛围，而不是"无老无少、没大没小"，这样才能让孩子从小懂得长幼有序，接受尊老爱幼的熏陶，养成尊老爱幼的好习惯。

二是父母要以身作则，做孝敬长辈的楷模。俗话说："上梁不正下梁歪。"父母要培养孩子尊老爱幼的良好习惯，就要从自身做起，做一个尊老爱幼的领头人。孩子心理尚不健全，认识判断能力较弱，他们往往以父母的言行作为标杆，觉得父母做的就是对的，父母怎样做，他便怎样学。

曾有一个让人感动的公益广告：劳累了一天的妈妈回到家后，仍不忘为婆婆端去一盆热水，帮婆婆洗脚。她的这些行为被跟在身后的孩子看到了，两三岁的孩子记在了心里，也像妈妈一样去打了一盆热水，吃力地端过来，满脸笑容地让妈妈洗脚。妈妈回头看到这样，只是笑着，轻轻地点头……

这则公益广告播出之后，感动了无数观众，引起了大众的共鸣，同时也更加有力地证明了家风正是这样传承下来的。

父母是孩子最好的榜样。父母是家风的核心，而孩子能发挥传承

第三章 施仁布泽，行善积德
——弘扬善良美德，建设仁善家风

的力量。孩子对待父母的态度，直接受父母对待长辈态度的影响。要想让孩子学会尊老爱幼，家长就要先从自身做起，为孩子树立一个学习的好榜样，时刻不忘照顾年迈的双亲，经常带上孩子去看望老人，帮老人做些家务，与老人共聚同乐，尊敬老人，关心老人，爱护老人。天长日久，孩子耳濡目染，也会逐步养成尊敬长辈、孝敬父母的好习惯。

三要从小事入手培养孩子孝敬父母、尊老爱幼的行为习惯。如要求孩子每天问候下班回家的父母；孩子应承担必须完成的家务劳动等。要让孩子了解父母为家庭所付出的辛苦。现在不少孩子不知道父母的工作情况，不知道父母的辛苦，父母要让孩子明白他们的钱得来不易，孩子会逐渐珍惜自己的生活，也会从心底产生对父母的感激和敬重之情。

四要及时纠正孩子的不良行为。有些孩子是家庭生活的中心，他们很自我，爱冲动，爱指使人，倘若不顺心，便会大发脾气，无理取闹，冲撞父母，摔东西、不理睬父母等。父母如若发现孩子有这样的问题，一定要进行严格管教，让孩子认识到自己的错误。对孩子一味容忍或是一笑了之，只能让孩子的恶习日益膨胀，最终养成不孝敬老人的坏习惯。

五要让彼此的尊重和关怀深入到生活细节中，成为一种生活习惯。父母要让孩子在生活中时时刻刻体会到爱和关怀，让相互关心、相互爱护的气氛氤氲在家中，让家庭沉浸在爱的氛围里，孩子耳濡目染，自然也就懂得了爱与关怀。

比如，爸爸下班回来了，妈妈可以告诉孩子："爸爸累了一天了，宝贝是不是该给爸爸倒杯茶？"或是奶奶年纪大，走路不方便，父母可以提醒孩子去搀扶奶奶。要教会孩子听从父母教导，关心父母健康，分担父母忧虑，参与家务劳动，不给父母添乱。当父母或爷爷奶奶劳累时，主动帮忙或请父母休息一下；当父母有病时，让孩子学会主动照顾父母、关心父母，让他们明白端茶递水、请医送药都是应尽之责。久而久之，

新时代，新家风
——继承传统美德，弘扬时代风尚

孩子就能够逐渐养成尊老爱幼的习惯。这不仅有利于当下家庭的良好氛围，也有利于将来孩子的事业顺遂、家庭幸福。

六要多培养孩子的爱心和善心，引导、支持和鼓励他们帮助老人、尊敬老人。赞赏孩子的善良是培养孩子爱心最为关键的一步，当孩子关心他人、照顾他人、帮助他人的时候，父母一定要在第一时间给予支持和鼓励，让孩子的爱心行为延续和强化。多给孩子灌输"尊敬别人，才会被别人尊敬；爱护别人，才会被别人爱护"的思想。父母要以身作则，成为尊老爱幼的典范，用自己的爱心行动来影响孩子，孩子在这样的引导下才会形成"老吾老以及人之老，幼吾幼以及人之幼"的爱心。

一位妈妈带着孩子去买菜，过天桥的时候遇见一位老人用一只手扶着肩扛的一根很长很粗的塑料管（应该是施工用的），另一只手推着一辆自行车，从对面走过来。因为这个天桥的阶梯是弯曲的，推自行车很困难，再加上还扛着一根长长的塑料管，老人行走艰难，站在下坡的地方努力调整自己的身体，找合适的平衡点。这位妈妈见状，赶紧上前去帮老人推着自行车，又让老人调整身体，自家5岁的孩子也忙不迭地去帮着老人调整管子，三个人一起努力，终于顺利地通过了狭窄的弯道。老人很感激，孩子却说："老爷爷，不用谢，我妈妈说帮助老人是应该的！"路过的人都不由得对这位妈妈竖起了大拇指。

孩子的爱心就是在这样无声的行动中培养起来的。所以父母要多引导孩子关心老人、爱护老人，培养自己的善心，奉献自己的爱心。多教孩子设身处地为他人着想、感受他人情感、学会将心比心，同情、关心、爱护他人。比如看到别人遇到困难时，家长一定要让孩子想象一下如果自己在那样的情况下，心情会是怎么样的，理解了别人的痛苦和难

第三章　施仁布泽，行善积德
——弘扬善良美德，建设仁善家风

处，孩子就会更好地为别人提供必要的帮助。多对孩子的爱心行为给予肯定和表扬，孩子会将这种行为发扬光大。不管孩子做出的好事大小，对别人关心的程度多少，都要给予赞赏和表扬，鼓励他们多做这样的事情，那么孩子也会引以为荣，再碰到任何需要帮助的老人，就会毫不犹豫地伸出援助之手了。如果每一个家庭都有这样的家风，每一个孩子都能做到"老吾老以及人之老"，那么我们的社会也就会充满爱与温暖。

3

乐于助人，陌生人有危难也要尽力相助

人是社会的人，是和众多的人群居住在一起的，个人的力量单薄，不可能独存于世，只有团结互助才能走得更远。人生就是一个相互帮助的过程。扶危济困，尽己所能，正是仁善之家所谨守的家风。

有人认为，中国是一个"熟人社会"，中国人只对熟人友好，帮助也一般只帮熟人。但真正善良的人，是不分熟人还是陌生人，都会尽力相帮的。这正是善良闪耀出的最耀眼的光辉。"路见不平，拔刀相助"不仅仅对熟人，对任何人都会如此，正是善良天性的表现。

《梁书》载：南朝时有一个叫严植之的人，博学多才、学问渊博，天性"淳孝谨厚"，又谦虚低调，"不以所长高人"。天监四年，他被封为"五经博士"，开馆讲学，常年有学生数百人，来听课的更是常常超过千人。他不光学问好，还"性仁慈，好行阴德"。他年轻时有一次在半路上，遇到一个病重将死之人，横于路边，严植之问他的名字他都说不出来了。严植之把他放到车上拉回家来，给他请医生治病。过了六天后这个人死了，严植之又给他买来棺椁殓殡归葬，到最后也不知道这是谁。

还有一次，在栅塘边看到一个病人躺在堤旁，他下车问他怎么躺在这里。这个人告诉他自己姓黄，老家是荆州，来这里给人帮佣，没想

第三章 施仁布泽，行善积德
——弘扬善良美德，建设仁善家风

到病了，还病得很重，雇主要开船出发时就把他丢在这里了。严植之很同情他，就把他带回家治疗，一年多后这个姓黄的病人才痊愈。他十分感激严植之的救命之恩，请求终生做严植之的奴仆来报答他的救命之恩，严植之拒绝了，又给了他不少盘缠，让他回家了。

每个人在生活中难免会碰到各种各样的困难，这时候最需要的就是其他人的帮助。善良的人总能看到别人的危难，并且慷慨相助、乐此不疲。这是中国传统文化中的重要美德，也是传统家风教育的重要内容。扶危济困、助人为乐、互帮互助、共渡难关，也是中华民族的优良传统，世代传承。

东汉人崔寔所著的《四民月令·三月》中记载：在三月贫困之家缺粮挨饿之时，村中或族中长老会顺阳布德，收集粮食，赈济贫困。还有一些家庭丰裕、心有慈悲的人家，也会全力赈恤，不遗余力。

慈善人家，喜欢"散财布施"，把家中所有的粮食财产都拿出来赈济穷人，自己不留余财。《晋书》载：晋人羊祜把自己的俸禄和家财毫无保留地散布给贫困宗族，扶弱济困，受人称颂。

在古代，缺吃少穿最为常见，贫困之家更是常有饥饿。为赈恤贫困，在每年三四月份最缺粮食的时节，善良之人都会有放粮赈济之举。一些宗族长老也会主动放粮，赈恤族中贫困之家。对孤儿寡母、老弱病残也都会相互照拂，不至冻饿。这种守望相帮、团结互助的优良传统，是古人能够不断战胜天灾人祸的重要保障，也是中国家族长盛久兴的重要原因。

即便是现在，生活中人们也会遇到这样或那样的困难，有的甚至

新时代，新家风
——继承传统美德，弘扬时代风尚

会陷入绝境。这个时候，拉人一把、助人一力，愈发显得珍贵而重要。因为越是穷困潦倒之时、危难紧急之处，越需要人的帮助。

这是一种高尚的道德情操，同时也是一种高明的处世智慧。人生在世，没有一帆风顺，总会有许许多多的艰难与困苦。不论是谁，都会感激在困境中帮助过自己的人。在别人危难之时，能雪中送炭、真心相助，对方也一定会感戴莫名，并图他日回报。这样，人生的路自然是越走越宽的。

"乐于助人"的"乐"，一部分来自享受帮人助人那一刻的快乐。明代吕近溪说："世间第一好事，莫如救难怜贫。"这种因为帮人解困而得到的快乐，是精神上的愉悦感、灵魂上的幸福感、内心上的富有感；另一部分，则来自帮人助人之后的余泽和福荫，获得更多超过预期的快乐，就像"赠人玫瑰，手有余香""爱出者爱返，福往者福来"一样，当善心得到回报时，那种快乐更是无以伦比的。虽然，我们扶危济困、帮助他人并不是要获取别人对我们的回报，但是，有回报谁又会不快乐呢？

善良是一种伟大的力量，是一种无私的品质，善良的人喜欢看人长处、记人好处、帮人难处。在家庭中多行善举、帮人助人、扶贫济困、助弱济难，孩子也会跟着学会乐于助人。爱心是会传染的，善良也是能传承的，每一个善意的举动，都会感染和感动身边的人，影响家族成员和家庭，形成仁善的家风。

第三章 施仁布泽，行善积德
——弘扬善良美德，建设仁善家风

4
居仁由义，多做好事

"居仁由义"，出自《孟子·尽心上》。原文是："居恶在？仁是也；路恶在？义是也。居仁由义，大人之事备矣。"又在《离娄》里说："自暴者，不可与有言也；自弃者，不可与有为也。言非礼义，谓之自暴也；吾身不能居仁由义，谓之自弃也。仁，人之安宅也；义，人之正路也。旷安宅而弗居，舍正路而不由，哀哉！"居仁由义的意思也就是说"内心存仁，行事循义"，内心要怀抱仁爱之心，但行事必须遵循义理。浅白地说，就是以仁心做好事。

"仁"是儒家思想和道德的基础和核心，也是对后世影响最为深远的儒家思想之一。在儒家最重要的经典文集《论语》中，关于"仁"的言论就出现过109次，可见"仁"在儒家思想体系中的重要程度。

那么，何谓"仁"？

对于这个问题，先后曾有颜回、樊迟、仲弓、司马牛、宰我等孔子的多名高徒请教过孔子，孔子也分别给出了回答。

《论语·雍也》载："夫仁者，己欲立而立人，己欲达而达人。"

《论语·颜渊》载："颜渊问仁，子曰：'克己复礼为仁。'"

"仲弓问仁，子曰：'出门如见大宾，使民如承大祭。己所不欲，勿施于人。在邦无怨，在家无怨。'"

新时代，新家风
——继承传统美德，弘扬时代风尚

"司马牛问仁，子曰：'仁者，其言也讱。'"

"樊迟问仁，子曰：'爱人。'"

《论语·子路》载："樊迟问仁，子曰：'居处恭，执事敬，与人忠。'"

"子曰：'刚、毅、木、讷近仁。'"

《论语·宪问》载："仁者必有勇。"

《论语·阳货》载："子张问仁于孔子，孔子曰：'能行五者于天下为仁矣。'"

"请问之，曰：'恭、宽、信、敏、惠。'"

其中被公认为最经典也最能代表孔子对"仁"的思想的回答，是孔子和樊迟的对话："爱人。"

仁是什么？就是爱人，就是己所不欲，勿施于人；就是将心比心，以心换心；就是以己之心，度人之心，以己之爱，予人以爱；就是慈爱之心，就是悲悯之心，就是宽容之心，就是仁义之心；就是宁愿自己吃亏吃苦，也不愿他人受委屈的善良之心。

几千年来，仁爱善良不仅是读书人奉行的思想圭臬，更是几千年来家庭家训和家教的核心，也是大家最敬重的品德。

东晋时大书法家王羲之生于豪富之家，却不改善良本心，爱帮人助人。《晋书》载，有一次王羲之在一处热闹的集市上闲逛，遇见了一位贫苦的老婆婆，提着一篮六角竹扇在集市旁叫卖，却没有什么人去买。王羲之觉得老婆婆很可怜，决定帮一帮这个老人，于是来到老婆婆的摊位前，拿了扇子就在上面写字。老婆婆起初很不高兴，王羲之说："你就说这些扇子上的字都是王右军写的，然后每把扇子可以卖一百钱。"老婆婆照他的话做了，果然一篮子扇子很快就以高价卖光了。

仁爱之心，是善良的源头。有仁心才能有仁行，有仁行才会有仁德。

有仁德就能以善心对人、宽厚待人，不论任何时候，都与人为善、友善待人。爱人者，人恒爱之，以宽厚之心对待他人，得到的也会是他人无尽的善意和自己一生的情谊。

一个家庭中，有仁心和善良做基础，有爱心、有善心，这样的家庭也一定是仁善的家庭；有宽厚的美德，对待他人充分理解与体谅，不求全责备，多看他人善良与友好的方面，从而友善厚道地待人，这样的家庭必然会得到周围人的一致尊重。因此，父母要多教导儿孙有仁心、备仁德，宽厚待人、友善对人，多做好事，多做有义、有礼、有善、有爱之事，成为一个善良、仁爱、宽厚又亲切的好人，仁善的家风定会形成。

新时代，新家风
——继承传统美德，弘扬时代风尚

5

修桥补路，热心公益

修桥补路，是传统美德中的公益行为。它和"惜孤念寡""敬老怜贫""赈灾济危""扶贫济困"一起，都是传统公益事业的重要内容，也是仁心善行的表现，并已成为传统文化中约定俗成的一种道德规范。正是这种道德规范和仁心善举的指引，使中国公益事业有很好的发展，而且这也成为仁善之家常有的善行义举。

被民间称颂为"财神"的战国时期政治家范蠡，就是一个广施周济、处处散财的"大善人"。范蠡在帮助勾践雪会稽之耻、平灭吴国之后，便辞官引退，"乘扁舟游于江湖"，变名易姓，在齐国时叫鸱夷子皮，到陶这个地方改名叫陶朱公，经商行贾、经世济民。范蠡有极高的经商天赋，不多久即富甲一方，然而其善良的本性和对天下穷人的悲悯之心又让他豪爽大方地将千金一一散给贫穷百姓。

范蠡在88岁时去世，这个年龄在生活水平、医疗水平大大提高的当代也足称高寿。世人誉之："忠以为国，智以保身，商以致富，成名天下。"司马迁也对范蠡的评价颇高，认为他"与时逐而不责于人""能择人而任势""故君子富，好行其德"。范氏后裔也都恪守祖训，保持乐善好施、扶危济困的家风。

第三章　施仁布泽，行善积德
——弘扬善良美德，建设仁善家风

与范蠡同姓的北宋著名文学家范仲淹，天性温厚，心怀善良，一生恪守仁道，是培育仁善家风的典范。这样的家风庇护着范氏子孙，在几百年的时间里兴旺不衰。

在睢阳担任学官的时候，有个姓孙的秀才在路边乞讨，范仲淹就送给他一千钱。一年后，孙秀才又在睢阳路边乞讨，范仲淹又送给他一千钱。他很奇怪身为秀才为何却要乞讨？原来孙秀才只有一个秀才名，并无收入，家中极为贫困，每天要乞讨一百钱才能供养母亲。范仲淹决定在学校给孙秀才找一份工作，既能读书，又能拿一份工资奉养老母。孙秀才感激涕零。

范仲淹把自己积攒下的家财尽数拿出来，在家乡苏州郊外的吴、长两县购买土地近千亩，以地力所得救济当地的穷人，使他们"日有食，岁有衣"。这千亩田地因此被人们誉为"义田"。当地凡有人家婚丧嫁娶，范仲淹都会拿出钱来资助。对于鳏寡孤独之人，范仲淹还会定期给予周济。范仲淹的家乡因而也被人们称作"义庄"。他还亲自拟定《六十一字族规》和《义庄规矩》，教导儿孙后代做人要正心修身、积德行善，教导族人要和睦共处、相扶相助。

范仲淹年纪大了后告老回乡，颐养天年，便在苏州老家买了一块地准备建房。有人说这是块绝佳之地，在此建房世代必出卿仕。范仲淹听后立马改变了主意，不建私房，而是建学堂，让寒门学子在这里读书，以改变他们的命运，让这块风水宝地福佑所有乡人，而不仅仅是自家。

范仲淹这种对普通百姓友善、乐于助人的行为，帮助民众解决燃眉之急的家风，传承到了他儿子范纯仁身上，儿子也把助人当成一种快乐来奉行。

有一次，范仲淹让儿子范纯仁到苏州去运一船麦子。范纯仁载着

新时代，新家风
——继承传统美德，弘扬时代风尚

一船麦子返回时，在丹阳暂作停留，碰巧遇见小有名气却生活穷困的文人石曼卿。范纯仁问他为什么停留在此，石曼卿回答，因亲人去世，无钱运灵柩回家。范纯仁听了，便将余下的银两给石曼卿作回乡费用，还将一船麦子全部送给了他。

回到家中，范纯仁无法向父亲交待，担心受责罚，一直不敢提起此事。直到范仲淹问他，这次到苏州有没有碰到新老朋友时，范纯仁才如实诉说了自己的所见及所为。范仲淹听后说，既然这样，为什么不把麦船送给他呢？范纯仁一听，身心顿时松弛下来了，他告诉父亲，他已经把麦船送给他了。

范仲淹以"处事莫如为善，传家唯有读书"为训，教育子孙积善累德，使范氏家族兴盛几百年，成为中国少见的千年名门望族。

不难看出，乐于助人的家风会潜移默化地影响家庭中的每一个人，使全家都形成乐于助人的良好品德。乐于助人的家风，会让整个家庭都沐浴在温暖和充实之中。

中华民族是一个乐善好施的民族，做好事、行善举也是中华民族的优秀传统。在今天，这样的传统更是成为全社会的一种公益行为、一种慈善义举，很多家庭也都积极地投身其中，成为公益家庭。可以想见，一个常做公益事业、参加慈善活动、处处奉献爱心的家庭，家风一定是善良仁义的。

福建省金山镇河墘村有一位92岁的老人吴西河，数十年如一日，积德行善，热心公益事业，也使后代子孙都成为热心公益的好人。提起吴西河，村民无不竖起大拇指连声称赞，他们亲切地称他为"西河伯""西河公"。

第三章　施仁布泽，行善积德
——弘扬善良美德，建设仁善家风

吴西河退休后回到老家河埂村养老，闲不住的他经常走家串户，了解村里老人们的生活状况。那时不少老人面临着无人赡养的困境，生活十分艰苦。为了帮助他们解决生活困难，吴西河在河埂村成立老年协会，筹集资金建起一座老人活动中心，并设立老人福利基金，使全村600多位老人每人每月可领到30—40元福利金。

之后吴西河又开始帮助贫困人家。村里有一户家境特别贫寒的人家，只有一间破房子，吴西河拿出5万元帮助其办起木器加工厂。多年来，吴西河把自己的退休金和儿女给他的养老钱累计20多万元陆续拿去资助生活困难的村民，让50多人通过办企业、搞养殖走上致富路。2014年，吴西河90岁高龄之际，还将自己省吃俭用攒下的40万元捐出，为村民建造一座休闲娱乐的公园。

在吴西河的言传身教下，他的子女也热心公益事业，形成了良好的家风。多年来，吴西河一家为家乡铺路造桥、建设学校，为四川汶川大地震的重建累计捐款超过200万元。在吴西河乐善好施、助人为乐的精神感召下，河埂村村民也都积极投身公益事业，希望能为社会、为更多的人做一点事情，河埂村已经成为远近闻名的"好人村"。

善良是家风最好的底色，而公益事业则是仁善家风建设最好的助推剂。家庭成员经常参与公益活动，参与慈善事业，捐钱、捐物、献爱心，帮助老人，扶助弱小，助学助残，甚至是当一天志愿者，都能使一个人的心变得干净而纯粹，都能让"善良"在孩子的心里扎下根来。在公益活动和慈善事业的熏陶下，激发善良之心，让每一个人都能在周围人需要的时候毫不犹豫地伸出援助之手；让每一个人在各自的岗位上努力工作、默默奉献、不计得失、认真负责。从医者，胸怀大爱，仁心仁术；从商者，诚信为本，童叟无欺；从工者，品质为本，追求卓越；从政者，

新时代，新家风
　　——继承传统美德，弘扬时代风尚

胸怀大局，一心为民……这样的家风，不正是仁德的最好体现、善良的最好延续吗？

　　善良是一种美德，公益是一种事业。以善良的美德做伟大的事业，并不是要获取别人对我们的好评，而是要把这种美德传递下去，让这样的家风代代相传、生生不息。

第四章 诚实守信,一诺千金

弘扬诚实美德,锤炼诚信家风

在传统文化中,诚信是重要的德行之一。"人而无信,不知其可也。"——这是孔子的观点。他认为一个人若无信,则什么事也不可能干好。诚信是一个人最重要的道德,是立身处世的根本。只有诚信的家风才能培育出诚信的子孙,因而诚信家风历来是家风建设的核心内容。

第四章 诚实守信，一诺千金
——弘扬诚实美德，锤炼诚信家风

1

言必信，行必果

自古以来，诚信就是中华民族的传统美德。一个人如果不讲诚信就不知道如何立身处世；朋友之间要讲诚信，否则就没有稳固的友谊；一个国家没有百姓的信任，国家政权就无法站稳脚跟。诚信是立身之本、成事之本、治国之本。

中国传统文化很重视信义。"仁、义、礼、智、信"中的"信"乃五常之一。在传统文化典籍中，有关诚信的佳言美句比比皆是。孔子曰："人而无信，不知其可也""朋友信之""民无信不立"。墨子云："政者，口言之，身必行之"，还有"言必信，行必果""君子一言，驷马难追""千金一诺"等，表明古人已把诚实守信作为君子的行为。传统文化中关于信义守诺的故事也有很多，"尾生抱柱""城门立木"等都家喻户晓。

尾生抱柱的故事，出自《庄子·杂篇·盗跖》篇："尾生与女子期于梁下，女子不来，水至不去，抱梁柱而死。"说有一个叫尾生的人与一个女子约会于桥下，可等来等去这个女子也没来，眼看河水都涨上来了，女子还没来，但尾生为了守信，却坚持抱着柱子不离去，最后淹死了。

城门立木的故事也尽人皆知：卫人商鞅要在秦国大刀阔斧地实施变法，众皆不信，于是在南城门树了一个木桩，承诺如果有人将木桩移

新时代，新家风
——继承传统美德，弘扬时代风尚

到北城门，奖赏五十两金子，大家还是不敢相信有这么好的事情。终于有一个人走过来搬走了木头，商鞅马上兑现了奖金，这下百姓们全都信了。于是商鞅推行的各种新法得以顺利实施，令行禁止，效果很好。

这些故事都在说诚实守信和言出必行的重要性。自古以来，诚实守信就是为人尊奉的美德，也是处世的根本。古时生意人言必称"童叟无欺"，老字号同仁堂打出的匾额是"炮制虽繁必不敢省人工，品味虽贵必不敢减物力"，也都是说的诚信二字。

诚信，顾名思义，就是讲诚实守信用。诚实就是指言行和思想一致、不虚假，忠贞守信；信用的基本解释是遵守诺言，取信于人。所谓"一言既出，驷马难追"，就是讲诚信为人的道理，对人做出的承诺要兑现，对人讲的话要负责。《论语》里讲"言必信，行必果"，就是对诚信最言简意赅的说明。所以，诚实无欺的家风也是传统家风中最广受推崇的内容。

曾子杀猪的故事就是一个很好的例子。曾子的妻子要到市场上去，儿子也要跟着一起去，一边走，一边哭。曾子的妻子对她儿子说，你回去，等我回来以后，杀猪给你吃。妻子从市场回来了，曾子要捉猪来杀，他的妻子拦住他说，那不过是跟小孩子说着玩的。可曾子说，决不可以跟小孩子说着玩。小孩本来不懂事，要照父母的样子学，听父母的教导。现在你骗他，就是教孩子骗人。做母亲的骗孩子，孩子就不再相信母亲的话，那是不可能把孩子教好的。于是曾子把猪给杀了。

人们常说：榜样的力量无穷。父母就是孩子最好的榜样，言而有信、言出必行的榜样，才能培养孩子的诚信品性。君子一言，驷马难追。说

第四章　诚实守信，一诺千金
——弘扬诚实美德，锤炼诚信家风

出的话，做出的承诺，就一定要做到。要像季布一样，一诺千金。

季布是楚国的义士，生性耿直，乐善好施，特别是他答应过的事情，无论困难再大，他都一定要设法办好，所以深受人们的赞誉。当时有个叫曹邱生的人，特地去见季布，并说："我听楚人说，得到黄金百两，也抵不过季布的一个诺言。"后来，人们把这个故事概括为"一诺千金"，用来比喻人重视诺言，言而有信。

不论是我们自己，还是教育孩子，言而有信都是非常重要的。一个家庭是否具有良好的家风，标准之一就是孩子是否讲诚信，是否是一个有诚信的人。所以家长一定要做好榜样，无论是家里还是家外，也不管是对别人还是对孩子，都要做到言而有信，说到做到。这样才能培养孩子的诚信。

大多数父母在孩子哭闹的时候都会采取"哄骗"和"吓唬"两种办法来让孩子安静下来。其实这两种方法都无益于培养孩子的诚信品质。比如有的父母会说："别哭了啊，宝宝，明天给你买你最喜欢的玩具，好不好？"孩子信以为真，可能不论多委屈，都会暂时停下来，把希望寄托在玩具身上了。但这样说的父母很多，真正做到的人却并不多。孩子第二天哭着吵着要的时候，父母还会以各种借口和理由不予兑现，甚至打骂孩子。这种说话不算话的行为是最容易把孩子带坏的。还有的父母习惯于吓唬孩子："再哭妖怪就来了！"让孩子安静下来，这其实就是当着孩子的面撒谎，这样怎么能教出诚信的孩子呢？

恪守诚信应当从家庭教育开始，如果一个家庭中没有诚信做基础，

新时代，新家风
　　——继承传统美德，弘扬时代风尚

怎么可能会有诚信的家风？进入社会后，就更难有诚信的操守了。坑蒙拐骗、阴险狡诈也就没有什么稀奇的了。所以首先要在家里灌输"言必信，行必果"的理念，要求家庭所有成员，无论何时何地，都要说一不二、说到做到、言出必行。

第四章 诚实守信，一诺千金
——弘扬诚实美德，锤炼诚信家风

把诚信作为家庭的最高原则

诚信，即诚实守信。诚实，就是忠于事实真相，忠于真实想法，不掩饰自己的真实感情，不说谎、不作假、不欺骗、不隐瞒；守信，就是守信用、讲信誉，一诺千金、言出必行、说话算话、绝不食言，答应了别人的事一定要去做，该承担的责任和义务绝不推诿。诚实守信也就是待人处事真诚、老实、讲信誉。《说文解字》中对诚信的解释是："诚，信也"，"信，诚也"。诚信的本义就是要诚实、诚恳、守信、有信，不隐瞒不欺诈、不弄虚作假，说话算话，说到做到。

在中国传统道德里，诚是最重要的立身之基。从很早开始，诚就是社会道德的最高境界和基本要求。《礼记·中庸》里说："唯天下至诚，为能尽其性；能尽其性，则能尽人之性；能尽人之性，则能尽物之性。"有了诚笃的品德和态度，就可以贯通多种仁义道德，成己成人，甚至能够尽人之性，尽物之性，使"诚"成为礼的核心范畴和人生的最高境界。《大学》则把"诚意"作为八条目之一，格物、致知、诚意、正心、修身、齐家、治国、平天下，是一个人成才的根本。宋代周敦颐进一步认为"诚"为"五常之本，百行之源也"。

信，也是中国伦理思想史的范畴。"信"的含义与"诚""实"相近。从字形上分析，信字从人从言，原指祭祀时对上天和先祖所说的诚实无欺之语。"忠于民而信于神"，"祝史正辞，信也"。孔子认为，"信"

新时代，新家风
——继承传统美德，弘扬时代风尚

是"仁"的体现，他要求人们"敬事而信"。"信则人任焉""人而无信，不知其可也"。孔子和孟子都将"信"作为朋友相交的重要原则，强调"朋友信之"，"朋友有信"。历代当权者大都将"信"作为维护秩序的重要工具。

《左传·文公四年》中说："弃信而坏其主，在国必乱，在家必亡。"

《吕氏春秋·贵信》对社会生活中的信与不信之后果剖析得淋漓尽致："君臣不信，则百姓诽谤，社稷不宁。处官不信，则少不畏长，贵贱相轻。赏罚不信，则民易犯法，不可使令。交友不信，则离散郁怨，不能相亲。百工不信，则器械苦伪，丹漆染色不贞。夫可与为始，可与为终，可与为终，可与尊通，可与卑穷者，其唯信乎！"

汉代董仲舒将"信"与"仁""义""礼""智"并列为"五常"，视为最基本的社会行为规范，并对"信"做了较详尽的论述："竭遇写情，不饰其过，所以为信也。"他认为"信"要求诚实，表里如一，言行一致。朱熹提出"仁包五常"，把"信"看作是"仁"的作用和表现，"以实之谓信"，其说与孔子、孟子基本相同。

汉代傅玄在《傅子义信》中说："盖天地着信，而四时不悖；日月着信，而昏明有常；王者体信，而万国以安；诸侯秉信，而境内以和；君子履信，而厥身以立。"又说："言出乎口，结乎心，守以不移，以立其身，此君子之信也。"

儒家思想里，诚与信往往是作为同一个概念来使用的。"信，诚也""诚，信也"，在传统伦理道德里诚信是一个人最基本的品质，诚实是取信于人的良策，是处世立身、成就事业的基石，是一个人安身立命的基本准则，也是最根本的道德。

第四章　诚实守信，一诺千金
——弘扬诚实美德，锤炼诚信家风

在传统家风、家教中，诚信也是最基本的内容之一，只有诚信的家风才能塑造有诚信美德的个人。从古至今，中国家庭都特别重视家庭的诚信教育。讲诚信的家庭培养的孩子一定是一个说一不二、一诺千金之人。要培养诚信的子孙，家庭中就一定要谨记诚信的原则，任何时候任何人都不违背才行。打造诚信家风一定要把诚信作为家庭的最高原则，不论家里家外，不论人前人后，诚信都是第一准则。

所以在日常的家庭生活中，做家长的要注意自己的言行，以诚信为第一准则，要避开一些会导致孩子诚信缺失的不良教育方式，给孩子做好榜样，言传身教，以诚为本，以信为基，创建诚信家风。

一是不可随意向孩子许诺。一些父母为了让孩子完成自己布置的任务或达到自己的要求，喜欢随意向他们许诺。结果孩子努力做到了，父母却早已忘了承诺，根本不兑现，久而久之，父母在孩子心目中失去了诚信，这不但沉重地打击了孩子诚信守诺的积极性，而且在这潜移默化的过程中，孩子也学会了说空话、假话、谎话，不将自己的承诺当一回事，答应别人的事也很快遗忘，这样怎么可能成为一个诚信的人呢？所谓"夫轻诺必寡信"，轻易许诺都做不到，也一定守不住诚信。因此，父母不应该随意对孩子许诺，一定要"三思而后说"，答应孩子的事情就一定要做到，真正做到言而有信。如果因为种种原因兑现不了，也应及时向孩子解释、道歉，让孩子从内心理解和原谅父母，而不是认为诚信不重要。

二要诚实对待孩子，不可随意哄骗孩子。许多父母认为孩子还小，什么也不懂，哄过一时就行。其实不负责任地哄骗也许起初还奏效，但久而久之，孩子便会识破这一伎俩。随着被大人欺骗次数的增多，孩子越来越不信任父母，还跟着大人学会了哄骗别人，信口胡说、谎话连篇，那时候父母后悔可就晚了。所以不管孩子多大，都不能哄骗孩子，而要

新时代，新家风
——继承传统美德，弘扬时代风尚

像曾子一样，说话算话、言而有信，让孩子也学会诚实、学会守诺。

三要循循善诱、温言软语，不可行事粗暴。孩子大都好奇心重，活泼好动，自我控制能力差，难免会做错事，有的父母发现了之后，不容分说就拳脚相向，久而久之，孩子为了不被责骂，免受皮肉之苦，就会学着说谎，变着法子欺骗父母，掩饰自己的错误；还有的孩子说了真话，父母却怒火难抑，打骂惩罚，说了假话时，父母也不调查就轻易相信，反倒表扬孩子，这会让孩子认为说假话更划算，从而养成说假话的习惯。所以父母在批评孩子错误时一定要控制情绪，注意方式，先问清楚，了解事实真相后，再表扬或批评，一定要惩罚时，也要注意态度和方式，轻言细语、循循善诱，绝不可以粗暴行事、任意打骂，以避免孩子害怕惩罚而说假话。

四是家庭教育时父母的观点一定要一致，不能随心所欲，让孩子无所适从。有的家庭爸爸要求孩子这样做，妈妈要求孩子那样做，爷爷奶奶又要求这样做，相互矛盾，让孩子无所适从，结果形成了他们做事当面一套、背后一套，见人说人话、见鬼说鬼话的坏习惯。

五是敢于认错。父母是人不是神，是人就难免犯错误。有的父母为了维护自己在孩子面前的威信，或是自己好面子，即使明知自己有错也不向孩子承认自己的错误，这样只会让孩子觉得父母虚伪虚假，不可信任。久而久之，对父母正确的教诲，孩子也会置之脑后，实在得不偿失。其实父母向孩子认错或道歉不但无损尊严，反而能让他们懂得"人人都会犯错"，"诚实的人敢于认错、敢于改错"的道理，更有利于培养孩子的诚实品格，有利于孩子的健康成长。同时家长敢于认错会使孩子更加信任父母，更加尊重长辈，以后对孩子进行诚信教育也更能让孩子信服。这样，诚信的家风就会在流水般的日子里悄然形成。

第四章　诚实守信，一诺千金
——弘扬诚实美德，锤炼诚信家风

3 从家庭成员间做起，养成守信好习惯

毫无疑问，要筑就诚信家风，首先要保证家庭成员之间以诚相待，守信守诺，不说假话，杜绝谎言。不论是夫妻之间、父母与子女之间还是兄弟姐妹之间、婆媳之间，大家都要真心以待，坦诚相对，互信互爱，重诺守信，诚信的家风才能形成。

诚实守信对个人而言，是立身之本、处世之基、成功之根，无诚信无以立身，无诚信无以成功；对家庭而言，诚信是家庭成员和睦相处、团结一心、坦诚相待、同甘共苦的前提和基础，也是父母为孩子树立诚信榜样的基石。如果家庭成员之间都互不信任、互不诚实，诚信家风从何谈起？

比如夫妻如果互不信任，你欺我骗，谎话连篇，不仅会给孩子造成不好的影响，家庭诚信出现问题，也会导致夫妻相处不顺，矛盾重重，不利于家庭幸福和谐。

小雨和丈夫小明感情不错。小雨是个非常要强的人，工作积极进取，总想干出点成绩来。丈夫是个医生，工作很忙，但为人厚道，也很勤劳。平日里辅导孩子学习，给孩子做饭，接送孩子上学，都是丈夫一手操持的。小雨很感激丈夫的体贴和付出，一直说要休假和丈夫、孩子一起出门旅游。

新时代，新家风
—— 继承传统美德，弘扬时代风尚

但是，因为工作实在太忙，而小雨又很想干出成绩来，旅游的话说了几年也一直不能成行。儿子首先不满了，说："妈妈说话就是不算话，同学们一放暑假都出去旅游了，就我们从来不去！"丈夫一开始还替小雨说话，但渐渐地也不再相信了。小雨很为自己的工作太忙歉疚，一直想为家里多做一点事。这周六是丈夫的生日，小雨早早就和丈夫说，要在家给丈夫庆祝一下，自己要亲自下厨给丈夫做一桌大餐，陪丈夫和儿子好好玩一天。丈夫和儿子都很高兴，周五下午丈夫专门买好了菜，还买了游戏票和电影票，想着一家人好好过一个周末。

可不巧的是，周五下午小雨临时和老板去郊区出差，也没有多远，原定的是晚上就能回来的，小雨就没推辞。和老板出差，担心丈夫有什么想法，她就没和丈夫说，直接去了。

但没想到事情很不顺利，晚上走不了了。丈夫打电话问她，她说在郊区，却没敢说是和老板一起，谎称是和一位女同事一起，晚上没车回不去了。丈夫听了，马上说去郊区接她们，小雨没想到丈夫会这样，一时无措起来，坚决不要丈夫来接。丈夫生了疑心，打电话问她单位的朋友，才知道小雨说了谎，原来小雨是和老板去的！

这下丈夫生气极了，也伤心极了，竟然要求和小雨离婚。原本小雨这里什么事也没有，只因为一句谎话，闹得婚姻几近破裂，小雨悔之不及。还好后来事情说清楚了，婚姻算是保住了，但丈夫和儿子再也不像以前那样信任她了。

可见坦诚相待是夫妻关系牢固的基础。夫妻失却了诚信，只会导致婚姻出现裂痕，家庭出现问题，而且互不诚信也会影响孩子，诚信的家风更是无从谈起。故而夫妻作为家庭关系的主心骨，首先要做到互相信任、不欺不瞒才行。既然已经将自己托付给对方，已经将两个人的命

第四章　诚实守信，一诺千金
——弘扬诚实美德，锤炼诚信家风

运紧紧地系在了一起，就应该坦诚相见、以诚相待，而不是刻意隐瞒，让自己生活在矛盾中，使自己感到愧疚、感到压抑。

要做到坦诚相待，沟通是不可或缺的。要尽量将问题消灭在萌芽状态，避免相互猜疑。多互相倾诉，相互了解内心的想法，有事事前告知或互相商量，把诚信作为家庭的最高原则，任何时候不欺不瞒、不哄不骗，才能很好地避免夫妻之间的误会和猜疑，增加诚信，保持和谐。除了夫妻关系之外，一个家庭里还有父母与子女之间的关系、兄弟姐妹的关系，有的家里还有公公婆婆与儿媳妇之间的关系，甚至妯娌之间的关系等。唯有诚信，才是正确处理家庭关系最为重要的原则。有了诚信的品质，家庭成员彼此真心相待、诚意相处、不欺不瞒、相互理解、相互信任，才会有父母与子女的和睦，才会有兄弟姐妹的融洽，才会有公公婆婆与儿媳妇的亲如一家，才会有妯娌间的相互关心与体贴。诚信所营造的和睦氛围，能够使一个家庭充满欢乐与幸福。

相反，如果一个家庭里充满尔虞我诈、家庭成员缺乏诚信，必然会是另一番景象：父母与子女相处难堪，兄弟姐妹形同陌路，公公婆婆将儿媳妇视为仇敌，妯娌争吵不休，等等。在这样的家庭里，其成员必然只会相互伤害，制造痛苦，甚至酿成悲剧。

汉代学者傅玄就说过："若君不信以御臣，臣不信以奉君，父不信以教子，子不信以事父，夫不信以遇妇，妇不信以承夫；则君臣相疑于朝，父子相疑于家，夫妇相疑于室矣。小大混然而怀好心，上下纷然而竞相欺，人伦于是亡矣。"君不以信待臣，臣不以信事君，那必定君臣相疑于朝堂；做父母的不以诚信教育子女，子女不以诚信侍奉父母，那么，父母子女就会因相互猜疑而导致家族衰败；做丈夫的不以诚信对待妻子，妻子又怎么可能以诚信对待丈夫？夫妻互相猜疑就会导致家庭破裂。同样的道理，兄弟之间、姐妹之间、妯娌之间、公婆和儿媳妇之间，不真诚、不守信、互相欺瞒，也会给家庭造成巨大的伤害。现实的生活中这样的例子屡见不鲜。

　　要建设诚信家风，建立和谐家庭，家庭成员之间一定要有诚信。家庭成员间都做不到诚信，怎么可能指望这个家庭的人在社会上对他人诚信呢？因而家庭成员之间，首先要有诚信，要说话算话，一诺千金，要不欺不瞒，绝不撒谎，这样才有可能培育出诚信的家风。

4

家庭中拒绝任何谎言

"谎言"之所以称为"谎言",是因为它是虚假的、不真实的、骗人的话语。一个人如果经常说谎去哄骗他人,一回二回有人会信,但长此以往,必不会再有人信。就如同"狼来了"故事中的那个孩子一样,每天都喊"狼来了"以寻求刺激、开心,而当狼真的来时,再无一人信他,所有的危险都只能自己一个人去面对,一个人去承受,再怎么喊叫也无济于事,也不会有人再来帮助他。因为所有听见的人以为又是他在"逗你玩"呢,可见,谎言是最损害诚信的行为。

要保证家庭里的诚信,杜绝谎言就是至关重要的一条。如果一个家庭中的成员总是谎话连篇,别说诚信的家风,做一个诚信的人也几乎不可能。在家庭教育和家风建设时,务必杜绝谎言,家庭里的每一个人都要诚实守信,特别是教育孩子时更需要诚实无欺、实话实说,切不可因为某些利益而说谎,这是最不利于诚信家风建设的。

汉宣帝时有个官员叫陈万年,是个阿谀奉承、见风使舵的小人,但教育子女,可谓孜孜不倦。自己生病了,还把儿子陈咸叫到床前,教他读书,给他讲如何在官场上左右逢源的技巧。教至半夜,陈咸瞌睡了,头碰到了屏风,咚的一声响,被陈万年发现了。陈万年非常生气,拿棍子打他,还训斥说:"我辛辛苦苦教你,你却睡着了,不听我讲,为什

新时代，新家风
——继承传统美德，弘扬时代风尚

么？"陈咸赶忙跪下，叩头说："爹爹的话，我都晓得，大抵教儿子对上司要拍马屁、讨好谄媚、说谎造假，如此而已！"呛得陈万年半晌说不出话来。

这样的教育只会让儿子学会拍马屁、说假话，把儿子也培养成阿谀奉承之人，形成没有骨气、为人不耻的家风。有志气的子女不屑于学习这些东西。这样的教育绝不可能将一个孩子培养出真诚、善良、正直、坦荡的品质来的。因而家庭中要建立诚信家风，任何谎言都要被杜绝。

不论是生活中的大事还是细微小事，不论是夫妻之间、父母之间、兄弟姐妹之间还是亲戚朋友之间，在家庭生活中，应当一律杜绝谎言，不管是大谎言、小谎言还是善意的谎言，都要被拒绝、被禁止才行。

然而，在很多家庭中，孩子说谎甚至大人说谎都很普遍。很多家长听到从孩子口中说出和事实不相符的话时，都会产生这样的疑惑：这么小的孩子，怎么就会说谎了呢？从哪里学的？

其实孩子说谎有很多原因。孩子的大多数谎言都属于"自救式谎言"，目的是为了避免麻烦或惩罚，给别人留下好印象或为了获得某种东西。比如，自己打翻了菜盘可能会说"是别人把汤洒到这里的"。不想做作业的孩子可能会撒谎说"作业做完了"。有些谎可能是孩子的调皮行为；有些孩子撒谎则是为了表达心中怨气，因为没有得到自己想要的东西；有一些谎言可能是迫于父母的威严，担心自己受到惩罚而故意说的；还有的孩子说谎是跟着父母学的。

有的父母为了让孩子听话或不让孩子纠缠，就用各种各样的谎话哄骗孩子。如孩子想吃糖，而父母不想让孩子吃，就会说"糖又酸又苦，一点也不好吃"；父母不想让孩子一个人晚上出去玩，就会骗孩子

第四章　诚实守信，一诺千金
——弘扬诚实美德，锤炼诚信家风

说，晚上外面有鬼，让孩子深陷恐惧从而不敢出门；父母不想让孩子跟着自己去某个地方，就会随口说"你在家等着妈妈，妈妈回来会给你买果子"……孩子对这些话都信以为真，可一旦孩子发现真相或发现父母说了谎话，他们一直相信的一切就会变样，他们也会学着父母那样，为了某种目的而说假话、谎话，甚至说两面三刀的话、欺世盗名的话，说挑拨离间的话、阴阳怪气的话……

所以在家庭中，父母一定要严格管理自己，任何情况下都不在家中说谎，不管什么原因，孩子说谎时，都务必及时纠正。

首先，家长应该弄清孩子为何撒谎。比如，撒谎是因为害怕出现麻烦，还是为了"面子"；还要对不同年龄的孩子区别对待，弄清孩子是否已经到了"能正确理解不该撒谎"的年龄。弄清撒谎的原因后，再有的放矢地纠正孩子说谎的行为。

其次，温和地和孩子讲道理。父母遇到孩子撒谎时，切勿不分青红皂白就以惩罚相威胁，而应该讲明白撒谎的不良后果，可以给孩子讲讲《狼来了》或《匹诺曹》的故事，让孩子明白不应该撒谎的道理，并引导孩子改正说谎的毛病。如"爸爸妈妈知道你已经认识到撒谎不好了，下次就别再犯了"。如果孩子改了说谎的缺点，要及时给予鼓励和表扬。

最后，尽量别给孩子创造撒谎的机会。比如，如果你亲眼看到孩子将牛奶泼到地毯上，那么不要问"是不是你把牛奶泼到地毯上的"，而应该直接问孩子"牛奶怎么泼到地毯上啦"，不给孩子撒谎的机会。

另外，在和孩子谈论有关撒谎的问题时，应该表现出你的不快，明确告诉孩子撒谎是错误行为，并解释其中原因——撒谎会导致人们产生不信任，一个人如果爱撒谎，即使他说的是真话，人们也不会相信。

当然，要在家庭中杜绝谎言，塑造诚信家风，关键还在于家中的大人，而不是孩子。家庭生活中大人们要以身作则，杜绝说谎话，特别是不能当着孩子的面说谎话，更不能教孩子说谎话，任何时候都不能。在教育孩子的过程中，要多给孩子些陪伴，少给孩子些训斥，多给孩子些示范，"言传不如身教"，只有当好模范家长，成为孩子学习的榜样，率先垂范，才能培育诚信家风。

5

说到做到，想尽办法履行承诺

在家风建设中，父母对待孩子一定要诚信，不要说话不算话。不管任何时候，在许诺之前一定要三思，不能言而无信，答应了的事情，就一定要做到；如果不能兑现，就不要轻易许诺。这也应当是我们在建设诚信家风时的一条原则。

古人说："夫轻诺必寡信。"为什么？因为轻易许诺，你根本不知道自己是不是有能力做到，就拍胸脯、打保票，到最终做不到时，肯定会给别人留下一个不守信的坏印象。故而，真正守信的人、诚信的人，是不会轻易许诺的。

孔子说："信近于义，言可复也。"是说做出承诺前，必须考虑承诺的正义性、合理性以及后果。做出承诺后，如果发现承诺的内容本身存在失误，就必须及时纠正，避免犯更大的错误而难以自拔。这才是真正的"信"。

《弟子规》讲到"谨信"，是指要谨而信。没有言行的严谨，没有良好的行为习惯和严谨的作风，容易造成轻诺寡信的局面。即使你不是有意欺骗，但言行不谨，信就得不到保障。

可见，承诺是一件非常严肃且重要的事情。打造诚信家风，也务必重视承诺和守诺。轻易不要许诺，一旦许诺，就要千方百计、竭尽全力做到，这才是一个德行高尚的人。

新时代，新家风
——继承传统美德，弘扬时代风尚

晋代干宝的《搜神记》中记载了范式诚实守信的故事，千年以来依然为人们所称道。

东汉时，汝南郡的张劭和山阳郡的范式同在京城洛阳读书，关系十分友好，后来范式家中有事请假要走了，范式对张劭说："两年后我一定回来，去你家拜望老人，看望你的孩子，同你聚会。"两人就约定了日期。

两年后，约定的日期就要到了，张劭不由自言自语地说："范式快来了。"就对母亲说："母亲，我与好友范式有约，今秋来我家相会，他就要来了，我们准备准备吧！"他母亲不相信，说"傻孩子，山阳郡离我们有一千多里路啊，他怎么会来？"张劭说："范式为人正直、诚恳，极守信用，他和我约好了，不会不来的。"他母亲只好说："好，他会来，我去准备一些好酒。"

约定的日期到了，范式果然奔波千里、风尘仆仆地赶来了。一千多里的风餐露宿、一千多里的艰辛跋涉，就为了完成自己的一句承诺。

说到，是"诺"；做到，才是"信"。说到也做到才是真正的诚实守信之人。只说到做不到，就是轻诺寡信之人，是不可能受人尊重的。

家庭生活中也是一样，不管是对家庭内部成员还是对家庭外部成员，说到就一定要做到，无论如何，竭尽全力也要做到。孩子只有这样做才能铸造诚信品格，成长为一个诚实守信的人；家长只有这样做才有威信，才能树立起良好的家风。

要重视自己对别人许下的诺言，无论是大事还是小事，如果做不到就不要去说，不要轻易许下任何的诺言，许诺前一定要三思而后行，

第四章　诚实守信，一诺千金
——弘扬诚实美德，锤炼诚信家风

一定要慎重思考，要确定自己完全可以办到才可以应允。对于自己根本就没有能力做或不打算做、不应该做的事情，决不能去承诺。一旦答应下来，就一定要做到，要对自己的承诺负责到底，即便中途出现了困难，也要坚守自己的诺言，想尽办法做到。

任何时候承诺前都要三思，千万不要答应无法兑现的事情。承诺并不仅仅是一个主观上愿不愿意守信的问题，还涉及一个我们有没有能力兑现的问题。轻诺可能会导致寡信的后果，轻易对别人许诺，说明根本就没考虑自己所办之事可能会遇到的种种困难，当困难来临时，便只能干瞪眼，于是给别人留下了不守信用的印象。因此，当我们没有十分的把握时，就不要向别人许诺，有几分把握，就实事求是地说几分。

不轻易许诺，但有诺必践，是人们普遍尊崇的道德准则，也是诚信家风的基础。即便在家中，即便是对待孩子，也要牢记说到做到的原则，有诺必践，有信必守，一言九鼎。

有时候大人的世界里免不了会有一些谎言，有时甚至是善意的、无害的谎话，但对于孩子而言，却会给他们带来很坏的影响，对建设诚信家风造成不好的影响。比如家庭里发生了什么不想让外人知道的事，或是为保全自己或别人的面子，会说一些谎话。家长千万不可当着孩子的面来说，要是说了一定要及时改正，让孩子明白诚信的重要。

如果家长许诺了但没有做到，要及时向孩子解释，向孩子道歉，并自我批评，让孩子从内心理解和原谅父母。如父母言而无信，一而再，再而三，孩子会对父母产生不信任感，并认为说话可以不算数，慢慢地他们也会这么做。这是非常不利于家风建设的。

还有更重要的，是不要逼迫孩子许诺，要教会孩子一定要在有百分之百把握能做到的前提下再许诺，如果做不到，就一定不要说。要让孩子知道：承诺即责任，做不到就不要轻易地许诺。

总之，说到做到很重要，父母一定要以身作则，在孩子身上播撒的诚信金种子，绽放出人性的异彩，塑造出诚信家风。

6 从家教开始，锤炼诚信家风

家教是家风的源头，诚信家风要从家教开始。家长的教育方式不当，自身不能做好诚信的榜样，就会对孩子的教育产生不利影响。只有父母以身作则、言传身教，时刻向子女传达诚信守诺的理念，恪守诚信守诺的原则，并时刻保持诚信的品质，孩子依样学样，才会修炼诚信品质，锤炼出诚信家风来。

《魏书》里有一则记载北魏人赵柔的故事。赵柔是北魏时金城人，年轻时就以德行才学闻名河西，历任著作郎、河内太守，以仁惠闻名。赵柔曾经在路上捡到别人掉的一贯金珠，价值数百匹缣，赵柔并不私藏，而是叫回失主，把金珠还给了他。后来有人给他几百个犁铧，他和儿子善明一起去集市上叫卖，有个人来买，赵柔和他定好价格为二十匹绢。另一个商人知道后觉得价格太低了，给他三十匹绢，儿子善明打算就把犁铧卖给这个商人。赵柔说："与人交易，一言便定，岂可以利动心也。"意思是和人做交易，定好什么价就是什么价，怎么可以因为有利可图就失了信用呢？于是把犁铧给了前面要买的那个人。当地缙绅听说此事后，都"闻而敬服焉"，对赵柔非常佩服。

赵柔的这种做法，真正做到了以身作则，相信他的儿子将终其一

新时代，新家风
——继承传统美德，弘扬时代风尚

生牢记父亲的教诲："与人交易，一言便定，岂可以利动心也。"

赵柔用行动给他的儿子上了很好的一课，也给我们所有的家庭上了很好的一课。父母是孩子的第一任老师，对孩子来说，人生观和世界观都还没有形成，家庭中父母的言行举止是孩子最重要的学习榜样。尤其是对孩子诚信品质的培养来说，并不是每天给孩子灌输多少大道理就能取得效果。父母的以身作则和言传身教更为重要。孩子的世界是天真的，但是眼睛所看到的东西也是最真实的，很多关于诚信品质的点点滴滴都会从父母的日常活动中看到。家长的这种言传身教早已润物细无声，诚信就像一粒种子，悄悄地播种在孩子的心田，生根发芽，让孩子深深地体验到诚信的可贵，为孩子诚信的养成奠定了牢固的基础。

公司的一位职员工作很紧张，公司纪律很严。但这天是他儿子的生日，早早就答应了要陪儿子一起过生日，他只好打电话给主管请假说："我今天病了，需要请一天假！"正好五岁的儿子进来听见了，赶紧给爸爸端来了一杯水，说："爸爸，你吃药吧。"爸爸呆了一下，亲了一下儿子。儿子说："爸爸，你病了就不用陪我过生日了，我陪你玩吧。"爸爸想了一下，对儿子说："对不起，儿子，爸爸说谎了，爸爸是要陪你的，并没有生病！"于是他再次拨打了电话，对主管说："对不起，我刚才说了谎话，我并没有生病。我的儿子今天过生日，我要请假陪他过生日。"儿子听见了，赶紧拿来了生日蛋糕，一家人开心地唱起了生日歌。

父母是最好的老师，家庭是最好的课堂。建设新时代的诚信家风，父母务必带头坚守诚信信条，一言一行、一举一动都恪守诚信第一，对于孩子诚信品质的培养，无疑有着巨大意义。在开展诚信家教时，家长

第四章 诚实守信，一诺千金
——弘扬诚实美德，锤炼诚信家风

除了言传身教、悉心引导外，还有下面这些也需要注意。

一是要尊重孩子。对孩子诚信品质的培养首先要源于对孩子的尊重。特别是在发现孩子撒谎、欺骗或是其他不诚信行为时，一定不能简单粗暴地批评，要注意方式方法，保护孩子的自尊心，尊重孩子。很多现实中的事例告诉我们，粗暴的家庭教育不仅难以纠正孩子已经犯过的错误，还会变本加厉，引发孩子的逆反心理，让孩子在错误的路上越走越远。因而纠正孩子的不诚信行为，切记不可采用命令、威胁、打骂等暴力手段，而要以宽容的心态、温和的态度、柔和的言语，给孩子讲清道理，给孩子充分的尊重和理解，让孩子相信父母，从心里感觉到父母是站在他这一边的，才能为孩子提供心灵上的安全港湾，让孩子愿意听父母的劝导。

二是加强对孩子的责任教育。责任感是每个个体在人类社会中所必须具备的品质，责任感可以说是守诚信的一个重要前提。责任感不只是对别人负责，更是对自己负责。培养孩子的责任感，让孩子从小就有责任意识，懂得责任的重要性，孩子就会明白自己说的话、自己做的事，必须自己来负责，孩子就会三思而后行，不会轻易许诺、信口胡说，这对培养孩子的诚信品质是非常有益的。

三是引导孩子的践行意识。父母带头引导孩子从守时、守诺、说真话、不撒谎等小事做起，时时严格要求自己，坚守诚实守信的原则，从而培养诚信习惯。当然父母一定要以身作则，始终将自己作为孩子的榜样，体现出父母教育的重要性。

四要善于从孩子身边的小事着手，进行诚信教育。孩子对亲身经历和亲眼目睹的事情一般都印象深刻，家长要多从孩子身边发掘诚信教育的材料对他们进行教育，这样不但可以加深孩子对诚信的理解，而且也可以使他们对诚信品格的情感体验更加真切。如有的孩子放学回家会告诉家长，这次考试某人作弊了，考了多少分。家长不管自己的孩子考得好不好，首先要表扬自己的孩子，因为他没有作弊，是个诚实的孩子。如果只看到孩子考得不好就大声责骂，那就失去了一次不错的诚信教育机会。随后再跟他讨论作弊的同学做得对不对以及为什么。当与孩子一起在公共场所捡到东西，也可以一起讨论应该怎么做，当孩子有占为己有的想法时，要坚持正面引导，让他知道诚实是最宝贵的，要主动想办法交还失主。根据日常生活中发生在身边的这些小事对孩子进行教育引导，促使他们从小养成做人要诚实守信的观念。

总而言之，孩子的诚信与家庭教育息息相关，只有诚信的家庭才能教育出诚信的孩子，塑造出诚信的家风。

第五章 行事谨慎,谦恭有礼

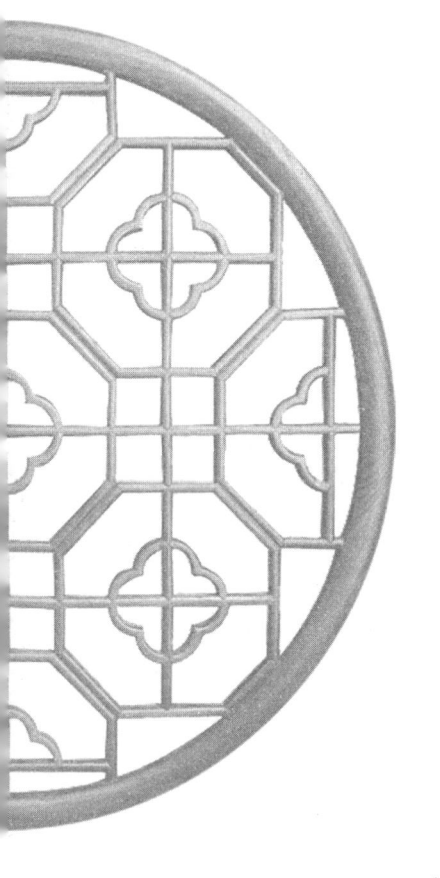

弘扬谦虚美德,打造谦谨家风

谦虚谨慎、礼仪周到,是传统文化最为推崇的处世方法和为人之道。越是谦恭低调、礼仪周全,越能受到大家的称道,在社会上也更能左右逢源,游刃有余。谦虚谨慎、礼仪周全的家风也是众多家庭追求的家风。智慧父母的子女常怀谨慎之心,以礼为敬、以谦为怀、谦恭有礼、不自傲不张狂、不逾规不越矩。打造谦谨家风,培育谦逊子孙。

第五章　行事谨慎，谦恭有礼
——弘扬谦虚美德，打造谦谨家风

1

君子敬而无失，与人恭而有礼

中国是世界闻名的礼仪之邦，好礼、有礼、注重礼仪是中国人立身处世的重要美德。对人谦恭有礼、行事谨慎小心，更是传统家风建设的重要内容。这种对礼仪的恪守，对自己的谦谨，正是源于中国文化传统中对他人的恭敬之心、尊重之心、谦虚之心。

在中国传统文化中，对这种恭敬有礼的行为是极为推崇的，认为"君子敬而无失，与人恭而有礼"就会得到别人的尊重，从而"四海之内皆兄弟也"，处处得尊重。

这句话出自《论语》当中的一个典故。司马牛有一天很伤感地说："人人都有兄弟，只有我没有啊。"子夏就劝他："我听说'死生有命，富贵在天'，真正的君子只要对待所做的事情严肃认真，不出差错，对人恭敬而守礼，往来有尺度、有分寸，这样的人，'四海之内，皆兄弟也'，你又何必担心自己没有兄弟？"

其实司马牛有好几个兄弟，只是因为他的几个兄弟叛乱被诛杀了。他的哥哥司马桓魋，是宋国的一个大臣。他的哥哥掌权之后，却要谋害自己的君王，还有几个兄弟陪着一起作乱，最终都被诛而死。司马牛很难过，也不想跟兄弟同流合污，就说自己没有兄弟。

子夏是劝慰司马牛放下他的亲兄弟所做的这些事情的包袱，兄弟

新时代，新家风
——继承传统美德，弘扬时代风尚

的命运不是他能操纵的，也别太放在心上了，每个人的命运还是掌握在自己的手上。只要保持"敬而无失，恭而有礼"的处世态度，所谓"敬人者，人恒敬之"，对别人恭敬有礼，别人自然也会真诚相待，都会推心置腹地跟他交朋友，那么"四海之内，皆兄弟也"，又何必伤感自己没有兄弟呢？

确实，一个谦恭有礼的人走到哪里都不会孤单，走到哪里都会有无数朋友兄弟。正因为此，传统文化和传统家风中都把谦恭有礼作为极重要的品德修养和处世原则。很多家风严谨的家族，对于这种"谦"和"礼"都极为看重，并严格遵行。

南北朝时期南齐的刘琎，在泰豫年间曾经当过皇帝的挽郎，是一位非常有德行、受人尊敬的君子。他学识渊博，为人恭敬谨慎、刚方正直，与哥哥刘瓛都为当时的名士，其家风更是礼仪严明、秩序井然到让人惊叹。

有一天晚上，刘瓛突然想到有一件事情要跟弟弟交代，于是就在隔壁房间叫着弟弟的名字。话音刚落，刘琎那边马上传来了一阵窸窸窣窣的声音。他满以为弟弟很快就会回应，可是左等右等，却没有等到他的回复，令他感到特别奇怪。过了好一阵子，才传来了弟弟那毕恭毕敬的声音："哥哥，您有什么事情吗？"

哥哥感到十分讶异，于是就责问他说："我已经等了好久了，你怎么到现在才回答？"刘琎深表歉意地说："因为我身上的衣带还没有束好，这是不恭敬的，所以才不敢应答。"原来，当时刘琎已经穿好睡衣，躺在床上了。他一听到哥哥在叫他，就赶紧下了床，把白天穿的正式的衣服拿出来，迅速穿上，束好腰带，全身上下都收拾得整整齐齐，并毕恭

第五章　行事谨慎，谦恭有礼
——弘扬谦虚美德，打造谦谨家风

毕敬地站好了之后，才回应他。

还有一次，刘琎和朋友孔澈一起坐船游览。突然间，从远处传来了一阵又一阵美妙的歌声，寻声望去，原来是许多美丽的少妇出门踏青，正在岸边愉快地悠游嬉戏。这些婀娜多姿的女子，比春天的花朵还要美丽，孔澈的目光立刻就被吸引住了。他起初碍于情面，先偷偷地看了几眼，后来竟不知不觉陶醉其中，上上下下打量个不停，完全忘掉了身旁的刘琎。

刘琎对孔澈的表现感到甚为不齿，于是就一言不发地端起椅子，独自搬到另一边去坐。孔澈遂感到很窘迫羞愧，却又不知所措，只好独自低头忏悔。因为那个时代的读书人，礼为第一，必须"非礼勿视、非礼勿言、非礼勿动"，真正的君子是任何违背礼仪的事情都不会做的。偷看美女，显然是不合礼仪之事，是对别人的不尊，也是对自己的不敬。所以，刘琎宁愿独坐一边，不齿与友人为伍。

连小事都如此谨小慎微，以礼为先，那么他身临大节的时候，当然不会失礼失仪、苟且失节。正因为他这般严于律己、谦恭守礼，家风严正，才能够成为一代名臣。他们兄弟俩能成为一时名士，与他们家这种谦敬守礼的家风是密不可分的。

谦恭有礼，是家庭长兴久安的秘诀。"恭敬"就是能够尊重自己，也能尊重别人。自然别人也会还之以礼，人际关系也会更和谐。一个家庭有这样的家风，家庭必将平安幸福，家族自然受人尊敬。

新时代，新家风

——继承传统美德，弘扬时代风尚

2

在日常生活中传承良好的礼仪风度

一个真正讲礼仪、有风度、有良好家教的人，会与别人大不一样。因为从家庭中长期养成的这些良好的礼仪道德和行为习惯不仅会内化于心，更会外化于形，一个人的一举一动、一言一行，反映的都是他内心的素质和底蕴。一个人有什么样的家风和家教，有什么样的礼仪规范，从他的行为中可以一览无遗。

我们都知道有一个成语叫"琳琅满目"，但可能很少有人知道这其实最早就是描述家风的一个词，描述的是有"中国第一豪族"之称的琅琊王氏家族。我们耳熟能详的诗句"旧时王谢堂前燕，飞入寻常百姓家"中的"王"指的就是琅琊王氏家族。

山东琅琊王氏家族，是中国历史上少有的"豪贵之族""簪缨世家"。在中国古代众多的名门望族中，不论是家族历史发端之久远、家族绵延之久长，还是声名之隆、地位之高、人才之盛，都少有可与琅琊王氏相匹敌者。王氏家族自汉代王祥"卧冰求鲤"的孝行登上历史舞台，至两晋之际逐渐达于鼎盛，历东晋而南北朝，经十数代人，不仅子弟众多，而且才俊辈出，三百余年冠冕不绝，其流风余韵还延续到隋唐时期。清末学者姚振宗在《隋书经籍志考证》卷二〇"王氏江左世家传"条引宋代邓名世《古今姓氏书辩证》曰："琅琊王氏自汉谏议大夫王吉以下，

第五章　行事谨慎，谦恭有礼
——弘扬谦虚美德，打造谦谨家风

更魏晋南北朝，一家正传62人，三公令仆50余人，侍中80人，吏部尚书25人。"历代史家一再称述琅琊王氏"簪缨不替""冠冕不替""世禄不替"，是江左最有名的仕宦之家，确实是因为琅琊王家实在不凡。梁朝史学家沈约曾说过："吾少好百家之言，身为四代之史。自开辟以来，未有爵位蝉联、文才相继如王氏之盛也。"

王家的人不仅当官得多，官当得大，权倾朝野，显赫一时，而且在文学、音乐、书法、道学、玄学领域都人才辈出，大家纷现。特别是在文学和书法艺术上，更是成就惊人。其书家之众，书艺之妙，皆空前绝后，无可比拟。除王羲之、王献之这对留名千古的父子之外，还有丞相王导、大司马王敦、黄门侍郎王洽之、会稽内史王凝之、豫章太守王操之、领军王恰、散骑常侍王徽之、中书令王珉，皆以书法艺术闻名当时，可谓家学渊源。王氏家族兴家是因为孝道，二十四孝中"卧冰求鲤"的大孝子王祥，就是琅琊王氏的先祖，被后人尊为"孝圣"。王祥死时留有遗言说："夫言行可覆，信之至也；推美引过，德之至也；扬名显亲，孝之至也；兄弟怡怡，宗族欣欣，悌之至也；临财莫过于让。此五者，立身之本。"这五条也被王家奉为家训，王家人也一直是按照这五条来做的。因而王氏家风以诚信为本，诗书为继，重德崇文，自有修养，尤重诚信、高德、孝友之道，为人礼仪周到，待人尊敬和顺，处世谦敬适宜，做事进退有度。加之王家又是出了名的美男家族，每一个人出来都风度翩翩，风采迷人，其身上特有的那种儒雅、礼仪周到、大方得体的魅力，让时人赞叹不已。

有一天，有一个人去拜访太尉王衍时，就发出了"琳琅满目"的浩叹。王衍原本就容貌俊美，风采出众。小时候去拜访山涛，山涛不觉赞叹："何物老妪，生宁馨儿！"意思是哪个了不起的老太婆，竟生下如此标致的孩子。后来，"宁馨儿"一词便成为人们对美好事物的赞美。

新时代，新家风
——继承传统美德，弘扬时代风尚

看到王衍的风流倜傥，山涛已经大为折服。然而在王衍府上还遇到了王家年轻的公子王戎、王敦和王导在座，个个都是丰神俊朗、风度翩然、风采迷人，让他有眼花缭乱之感。在另一间房里，他又见到了更年轻的王诩和王澄，更是叹为观止、惊为天人。从王衍家出来，他就迫不及待地对别人炫耀他之所遇，赞叹道："今日太尉府一行，触目所见，无一不是琳琅美玉！"这就是成语"琳琅满目"的出处。

这"琳琅美玉"之赞，相信绝不仅仅因为王家公子的颜值，还是被王家公子身上那种翩翩大家的气度、彬彬有礼的风采、谈吐自若的才情所折服，被王家那种"兄弟怡怡、宗族欣欣"的气氛所感染，才有如此之叹。真正赞美的，其实是琅琊王氏的礼仪、风骨和家风！

从有着良好礼仪和教养的家庭中走出来的人个个都风度翩翩、大方得体。一个人的礼仪风度，正是从日常生活中习来的。在家庭中，长幼有序、以礼为先，不论是夫妻之间，还是父母子女之间，都恭敬和善、温言软语、谦敬得宜、进退合度、相处亲切、上下和谐，家庭氛围也一定是谦敬有序、亲情融融的，家庭成员身上自然而然就会有一种敬人爱人、尊人重人的气质，有一种谦逊温和、大方得体的风采，走到社会上，自然也是端庄大气、风度优雅、大受欢迎的人。

一个人的礼仪风度不是天生的，即便是生在帝王贵胄之家，生在像琅琊王氏这样世代"美玉"之家，其迷人风姿也是靠学习和传承而来的。家庭生活中的点点滴滴其实都是对这种良好礼仪家教的传承和培育。

"曾子避席"出自《孝经》，是一个非常著名的故事。曾子是孔子的弟子，有一次他在孔子身边侍坐，孔子就问他："以前的圣贤之王有至高无上的德行，精要奥妙的理论，用来教导天下之人，人们就能和睦

第五章　行事谨慎，谦恭有礼
——弘扬谦虚美德，打造谦谨家风

相处，君王和臣下之间也没有不满，你知道它们是什么吗？"曾子听了，明白老师孔子是要指点他最深刻的道理，于是立刻从坐着的席子上站起来，走到席子外面，恭恭敬敬地回答道："我不够聪明，哪里能知道，请老师把这些道理教给我。"

曾子为什么要"避席"？这是曾子对自己的老师极为敬重和尊重的一种表现，同时也是曾子对礼的恪守和敬重。这种重礼守礼、低调谦虚的风度正是孔门家风的体现。之所以孔门风度成为天下人的榜样，孔子家风能流传几千年仍被传承和发扬，正是因为一个"礼"字。"诗礼传家"的家风正是源于孔门，孔门的"礼"也是从日常生活中培育出来的。

家庭中传承和培育礼仪家风，也可从日常生活中开始，从平常小事中展现礼仪家风，养成良好的礼仪习惯，孩子走出门去，自然是彬彬有礼的谦谦君子。

首先，家长在日常生活中要做好讲礼守礼的表率。古人云："其身正，不令而行；其身不正，虽令而不从。"父母以身作则的作用远远超过其他一切教育方法和手段。孩子永远是"跟样学样"的，父母怎么做，孩子就会怎么做。父母谦逊有礼，孩子必不会横蛮无礼。父母要从自己的一言一行做起，切实提高自己的礼仪修养，不忘老规矩的同时，践行新时代的文明礼仪，让孩子看得见、摸得着，从而自然地受到影响和教育，自觉地付诸实践。

其次，要制定家庭日常礼仪规矩。"不以规矩，不能成方圆。"要养成良好的家庭礼仪习惯，没有可供执行的规矩不行。比如要求孩子"坐有坐相，站有站相，吃有吃相"，那这个"相"具体是什么样的？没有一个规矩，孩子从何而学？不论是书面的还是口头的，都要给孩子定好规矩。

新时代，新家风
——继承传统美德，弘扬时代风尚

规矩之所以重要，是因为规矩可以保证很多关系正常化，丢了规矩，有些关系就会变得不正常起来，影响家庭的和谐和幸福。比如在有的家庭中子女对父母直呼其名，觉得这是家庭关系民主、平等的象征。如果仅仅是称呼也无可厚非，但如果因为称呼过于随便导致其他各个方面都随心所欲，父母儿女间没大没小、没老没少，很容易使家庭失去规矩，没了秩序，父不父、子不子，久而久之，必然导致关系僵化、感情淡漠，这就得不偿失了。所以，家庭可以民主，可以平等，也可以随便，但基本的礼仪规矩还是要遵循的。家庭中的每一个成员都谨守礼仪、以礼相待，有好的礼仪氛围，守礼家风也就自然而然形成了。

最后，从每日生活中养成良好的礼仪习惯。一个人的风度气质是长期训练后的习惯使然，绝非一蹴而就的。家中的礼仪习惯养成应该包括具体清晰的指导、规则和训练，要从衣着仪表、行为举止、言语辞令等细小的方面来悉心引导和培养。

衣着打扮要庄重大方，《弟子规》要求："冠必正，纽必结；袜与履，俱紧切。"这些规范，对现代人来说仍是必要的。帽正纽结，鞋袜紧切，是仪表外观的基本要求。如果一个人衣冠不整，鞋袜不正，穿背心裤衩甚至光着膀子，拖鞋趿袜，则没有半点礼仪风度，更不会给人留下好的印象。家长要教导孩子衣着打扮，必须根据自己的年龄、生理特征、生活环境和生活习俗进行得体大方的选择，不要奇装异服，矫揉造作。

行为举止要端正沉稳，大方得体，在公众场合举止不可轻浮、猥亵，应该庄重、谨慎而又从容，做到"非礼勿视，非礼勿听，非礼勿言，非礼勿动"，处处合乎礼仪规范。比如孩子早晨离开家时，要和家里人说再见；在外面碰上熟人或长辈要问好；到学校看到老师要停下来问好；乘公共汽车时要主动为需要的人让座；当别人为自己让座时要说声谢谢……这些小细节看似不重要，而真正的礼仪风度却正是在这些日常点

第五章　行事谨慎，谦恭有礼
——弘扬谦虚美德，打造谦谨家风

滴中养成的。

说话要文雅大方，而且"言必信，行必果"，绝不巧言令色，信口开河。要慎言谨言，不随意开口，当说则说，当默则默。孔子说："可与言而不与之言，失人；不可与言而与之言，失言。知者不失人亦不失言。"这才是说话之道。这些都需要在平常的生活中悉心指导孩子去做。久而久之，养成习惯，孩子必然成长为一个彬彬有礼、风度潇洒、足以映射出文雅礼貌家风的谦谦君子。

新时代，新家风
——继承传统美德，弘扬时代风尚

3 不论家里家外，都要礼貌待人

有很多人认为，礼仪是对外人的。在自己家里，讲那么多礼仪干什么？那不让家里人显得生分吗？这样的观点是大错特错的。家庭生活固然可以随便，但基本的礼仪是绝不可少的。所谓"人无礼则不生，事无礼则不成"，任何时候礼仪不能少，少了就没有规矩、没有秩序，就成不了方圆，这个家庭也就不像个家庭了。

夫妻相处，家庭关系中夫妻最为亲近。但如果忘却礼仪，不讲礼仪，对对方随意发号施令、嘲笑辱骂、口无遮挡，一味指责挑剔，说话气势汹汹，遇事不商量，自作主张，人前人后不给对方面子，随意抖露对方的隐私、揭对方的短处，不尊重对方，那这样的夫妻会好好相处吗？

父母儿女相处，如果把礼仪抛开，不讲礼仪，那就更没规没矩，更不像个家庭了。当父母的在家光膀裸身、行为随便，是对儿女的不尊重，儿女哪会尊重父母？出门不打招呼、进门不问候，哪像一家人？

兄弟姐妹、亲戚朋友相处，离开了礼仪，那么这种关系就更是无法维系。兄弟姐妹无大无小，不关心不爱护，互相打骂、争强好胜、不懂谦让，感情从何而来？如何温情相处？亲戚朋友不讲礼仪，连来往都会少，更别说感情了。

可见家人相处，无礼不行。更重要的是，一个在家里不讲礼仪的人，很难想象他走出家门，能对他人讲究礼节、礼貌。不论家里家外，都要以礼为先，礼貌待人。所谓"礼多人不怪"，礼仪周到的人总是更让人觉得亲近，更受别人的尊重。

家庭中的礼仪，主要是家庭成员之间相处的礼仪，比如夫妻之间、父母与子女之间、公婆与儿媳、岳父母与女婿之间、兄弟姐妹、妯娌姑嫂之间的礼仪等，这些礼仪主要表达的是家庭成员间敬老爱幼、亲切和谐的关系，包含在家庭生活的方方面面。家长在日常生活中要注意做好示范，引导家风。

1. 居家生活礼仪

家中有高龄、行动不方便的长辈，晚辈应定时主动到其房里行礼问安，与其聊天，嘘寒问暖，送餐递水；要出门时与家人相互告知，去上学、去上班要打声招呼，回来时要说："我回来了！"家中有人时要迎接一下，看是否有需要帮忙拿的东西等；为人子者出门去时要主动到长辈房里告知辞行，回来时也要主动到房里行礼以示平安归来；自己在屋里或者与亲人朋友在屋里谈话时要记得关上门，以免影响其他家人；无论是在家里还是其他场合，到别人房间不要直接推门擅入，也不要大声敲门，应在门外通报："我是某某，我可以进来吗？"里面人应说："请进。"方可进入。

即使在家里，也不要大声喧哗。和父母、长辈说话，一定要轻言细语，不可高声大嗓，更不可出言顶撞；有理可以说，不可犯横，不可顶撞。在家穿衣可以随便一点，但一定不能出格，特别是家中有老人、孩子时，要注意穿着得体；出门的时候，必须整理衣冠、洗手洁面，保持仪表端正干净。

无论是夫妻之间还是两代人之间或同辈人之间，相处时多用礼貌用语，一方为另一方做了事要说一声"谢谢"，尽管是亲人，听到答谢也会在心里泛起温暖的涟漪，这样才会更加增进感情、促进和谐。

兄弟姐妹之间要互相尊重、互相疼爱，懂得谦虚、谦让，摒弃自私自利。兄弟姐妹有恩于自己时，要更多地报答并好好酬谢；兄弟姐妹有困难时，要力所能及帮助他们、支持他们，维护、捍卫他们的名誉；他们做错事要宽容以待，接受他们的道歉，谅解他们的错误，不要责备他们；兄弟姐妹间有矛盾要去调解，不要断交、疏远、相互怨恨、相互嫉妒、猜疑；不要争吵，不要相互攀比。

2. 家中待客礼仪

有客拜访，应将家收拾整洁，着正装，衣着整洁，尤其夏天更要注意，不能穿短裤背心或睡衣，那样极不礼貌；不要随意出门，要等候客人来到，准备迎接；客人来时应主动迎出，与客人在门外握手，主人伸右手请客人进门，客人微一鞠躬谢礼后方可进入，主人在前引路客人跟其后，需要换鞋时要为客人备好拖鞋；等客人离席告辞时，客人先站起来，主人方能站起来，送客人出门。

如果客人来的时候，家中已经有客人了，主人和原来的客人都应当站起来迎客，主人要为大家一一介绍，相互都要见礼，方可就座；如果客人手中提着重物，应主动帮助接提；雨天客人的鞋和衣服淋湿了应注意更换，雨伞拿到卫生间晾干。

比较熟悉的亲人朋友可以直接请其就座，关系较疏远的客人，主人应请其上座，自己坐客座，并且客人坐后自己方能坐；有人到自己房间时，不论是朋友还是兄弟姐妹，也要站起身来迎接和问候；如果是师长前辈的话，不仅要站起身来还要微一躬身，长辈立不可坐，长辈让坐时方能就坐；两人一同行礼问安或陪同他人去行礼时，如果旁人须行礼自己不用行礼时，在旁人行礼时自己不能先就座，要等旁人礼毕就座后自己方能坐下。

平时家中应保持清洁，待客常用的物品，如茶杯、茶盘、烟灰缸等，要擦拭干净，给人一种愉快的感觉，这是起码的礼节。尤其客人在场时，如果不管茶具干净与否，随便给客人倒茶，会给客人留下不好的印象。要热情待客，主动敬烟、敬茶、敬糖果、削果皮等。

主人为客人送茶送水时，应主动下地亲自奉与，客人双手接过，点头示意。奉茶要遵循先奉老后奉少，先奉生后奉熟的原则；递接物品时应双手拿稳物品奉上，长辈老师所送礼物，一般不应推辞；拜会前辈或师长，入门后须行礼问好，自己主动坐客位。

逢年过节时亲朋好友之间应相互拜访串门，相互馈赠礼物，每家每户都要走到送到，晚辈要主动到长辈家里去拜节问好。吃饭时应请老者或长辈居上座。

3.家中交谈礼仪

在家中不管是与父母还是兄弟姐妹等人谈话，都必须等对方说完话自己再发言，不要随意插话、随便打断别人讲话；谈话时身子不要乱动，不跷二郎腿，不抖腿，坐姿或站姿端正，不东倒西歪；谈话时要注视对方，但不要一直用眼睛盯着对方看，那样会显得咄咄逼人；要眼神柔和地看对方的嘴或是鼻子到领口中间的位置，谈话时语调要轻柔，不可高声大嗓，恶言令色，更不可用手指着对方或他人。

对外的礼仪，主要是指家庭成员走出家门后的交际和处世的礼仪。有良好的礼仪教养，不仅对为走出家门的自己树立良好的形象意义重大，对自己在外办事更是意义非凡。

新时代，新家风
——继承传统美德，弘扬时代风尚

有一个年轻人，到乡下办事，一不小心迷了路，路上遇到了一位老大爷，便问："老头儿，旅馆离这儿还有多远？"老大爷说："五里。"小伙子听到后也不说谢谢就骑着车飞奔而去。谁知跑了五里多，却根本没见到旅馆的影子，心里便骂："死老头儿，居然敢骗我，说的是五里，五里了哪有旅馆？下次看到你，一定让你好看。"但他马上想到："五里不是无礼吗？"顿时感到十分惭愧。

回去的路上又遇见那位老大爷，年轻人马上改变态度，恭敬地问："老大爷，请问旅馆还有多远？"还没等他问完，老大爷就说："还很远，今天怕是赶不到了，先到我家喝杯茶吧！"

可见讲礼和不讲礼的区别有多大。走出家门，就是社会，社会上形形色色的人，有认识的有不认识的，有知根知底的但更多的却是一无所知的人。我们要交往、要相处，可不像家人相处这么简单和纯粹，更需要礼仪当先，礼貌待人，才对我们有利。但实际上这些礼仪很多都只是我们家庭礼仪的延伸而已。

比如不管到谁家去，一定要先敲门或按铃。敲门不要太过用力，不要用拳头砸门或脚踢门，而要用食指、中指并拢弯曲，用指关节敲击大门，更不要连声撞击，要给主人一段反应、开门的时间。如无动静，可再敲一次。另外还要注意拜访别人时，切莫在对方睡觉时敲门拜访。这些规范，与在自己家中的并没有什么不同。因而只要在家中时注意礼仪，把礼字刻印在心，走出家门，也肯定会以礼为先，那么，在社会生活中也一定会交往顺利的。

第五章　行事谨慎，谦恭有礼
——弘扬谦虚美德，打造谦谨家风

4 为人谦恭低调，不张扬不炫耀

古话说："满招损，谦受益。"谦逊虚心，是中国人最为推崇的品德之一，也是传统家风建设的重要内容。谦虚谨慎、守礼讲礼的家风是许多中国家庭代代传承的美德和家训。谦虚谨慎是低调做人的首要条件。不管你能力有多强，都没有必要张扬炫耀，谦逊虚心才能赢得别人的尊敬和好感。谦逊低调的人遇事稳重、心态良好、不急不躁，体现出良好的修养，别人自会刮目相看。所以自古以来，做父母的都特别重视引导孩子培养不骄不躁、谦虚谨慎的品德，培育谦虚谨慎的家风，以让孩子更好地在社会上立足。春秋时晋国的范家，就是这种谦谨家风的典范。

范家是晋国望族，先后有范武子、范文子、范宣子、范鞅四代辅朝，位高权重，但其家风却以谦逊著称。

史载范武子在朝为官四十年，功大位高，为人却谦虚谨慎，不骄不躁，严于律己，宽以待人，深受人们敬重。他对儿子要求极高，管束也极严，尤其注重儿子谦虚谨慎美德的培养，一心想要培养儿子成为国家栋梁。儿子范文子（名士燮）也不负父望，很有出息。因为范武子累积的人脉，范文子一开始就直接进入晋国权力核心的六正行列，任上军佐，为国效力。

《国语·晋语》上记载了这样一件事。有一天范文子很晚才退朝回

新时代，新家风
——继承传统美德，弘扬时代风尚

家，范武子就问他："为什么回来这么晚啊？"范文子回答说："有位秦国来的客人在朝中讲了好几个隐晦难解的问题，朝中大夫没有一个能够回答出来，我却答出了其中的三条。"范武子一听大怒，说："大夫们不是不能回答，而是出于对长辈父兄的谦让。你年纪轻轻，却在朝中三次抢先，炫耀自己的学识，掩盖他人的智慧。如果不是我在晋国，你早就遭殃了！"说着范武子就用手杖打儿子，把他帽子上的发簪都给打断了。

这次杖击让范文子如梦初醒，深深地反省了自己狂傲自大、张扬炫耀的毛病，懂得了谦虚谨慎的重要性，变得沉稳内敛，稳重多了。

后来晋国与齐国在靡笄山下大战，范文子随军出征，晋军大胜，凯旋而归。晋国人民倾城而出，夹道欢迎获胜的晋军归来。范武子也在人群中等着儿子，却始终没看到儿子的影子，一直到大军过到最后，才看到范文子来了。范武子说："燮儿啊，你怎么才回来？你不知道我一直在等着你回来吗？"范文子说："军队的主帅是郤献子，打了胜仗，假如我率先归来，那恐怕国内的人们将会把注意力集中到我身上，抢了主帅的风头，所以我不敢走在前面啊。"范武子听了欣慰地说："这下我就放心了，你现在可以免去灾祸了。"

在父亲的教导下，范文子不仅自己注意谦虚礼让，戒骄戒躁，也非常重视教导儿子范宣子（名士匄）懂得谦虚礼让，培育谦恭守礼的家风。

《国语·晋语》载，在晋国和楚国的鄢陵之战中，范宣子随军出战。当将领们商讨对敌之策时，年少气盛的范宣子贸然上前提出自己的主张，范文子气得"执戈逐之"，告诫他："国之存亡……童子何知焉？且不及而言，奸也，必为戮。"这一幕与当年范武子教训范文子时何其相似！范文子采用了几乎和自己的父亲教训自己一模一样的方法，严厉惩罚儿子的"童子何知"，告诫他要谦虚谨慎，不要自以为是、轻易妄言。

这样严格的家教效果显著：范宣子没有辜负祖父的热切期望和父

第五章　行事谨慎，谦恭有礼
——弘扬谦虚美德，打造谦谨家风

亲的谆谆教导，继承了他们谦虚谨慎的优良品德，虚心学习、刻苦磨炼，学问和武艺都长进很快，被封为中军之佐。在协助晋悼公恢复晋国霸业的过程中，范宣子充分显示了他的卓越才干和谦逊品德。晋悼公十三年（公元前560年），中军将荀䓨去世，按惯例应是中军佐范宣子升任其职。但范宣子认为上军将荀偃比他年长，经验丰富，更适合任中军将。范宣子让贤，对于晋国荐贤重才风尚的发展起了重要的促进作用，使晋国出现了"其卿让于善，其大夫不失守，其士竞于教，其庶人力于稼穑，商工皂隶，不知迁业"的可喜局面，并与诸侯和睦，少有战事。范宣子谦虚礼让的美德也被传为佳话。

范宣子历仕晋悼公、晋平公二世，终任中军将，执掌国政，为晋悼公恢复霸业做出了贡献，他根据晋襄公"阅兵典礼"宣布的法令制定刑书，为晋国的兴盛立下了不朽的功劳。

同时，范宣子也以这样的家风训导儿子范献子（名士鞅），使谦谨家风一直绵延。范宣子的内臣訾祏死了，范宣子对儿子范献子说："鞅呀，以前我有訾祏作为谋臣，早晚向他咨询来辅佐晋国，保护家族。如今你一个人，怎么办事，要商量咨询都没有人，怎么办呀？"范献子说："儿子听从父亲的教导，平时处事恭恭敬敬，不敢草率，不敢贪图安逸，认真学习而喜爱仁义，努力搞好政事而遵循正道，有事和大家商量，而不是以此求得好感，自己的想法虽然好，但不敢自以为是，一定要听从长者的意见。"范宣子说："哦，你能做到这样，可以免遭祸害了，我就放心了。"

就是因为有这样谦虚礼让的家风，所以范氏一族一直绵延不绝，且世代为官，家族兴盛，家门兴旺140余年。

为人谦虚一点、低调一点，少张扬、不炫耀，不仅不会让你显得

新时代，新家风
——继承传统美德，弘扬时代风尚

无知反而会让你显得更有风度，更有内涵。《尚书·虞书·大禹谟》中说："唯德动天，无远弗届，满招损，谦受益，时乃天道。"骄傲自满招致损害，谦虚谨慎会有好处，这就是天理。在周易六十四卦系统中，唯有"谦"卦是六爻全吉，可见谦的益处多大。不骄不躁、谦虚谨慎、礼让不争、低调为人的美德，是保证家族平安无灾、兴盛发达的重要前提，因而在古代，培育谦谨的美德和家风，是众多家庭的家风之要。

在今天，这样的家风依然是培养谦虚谨慎、懂得礼让的人才的源头。故而在家庭生活中，父母要注意引导孩子培养谦虚低调的品德，克服骄傲自大、张扬炫耀的缺点。

现代家庭大多是独生子女，容易以自我为中心，加之生活条件相对优越，孩子很容易滋生自傲自大的心理，养成爱炫耀自己、嘲笑别人的毛病。这都是需要父母及时引导才能改正的缺点。如果父母经常在朋友面前炫耀自己的孩子，孩子就会认为别人都不如自己，从而产生骄傲自负心理。所以在家庭中父母要从以下几个方面注意培养孩子谦虚低调的品行。

一是要让孩子认识到骄傲自大和炫耀张扬的坏处。父母应该让孩子认识到骄傲是健康成长的绊脚石，任何成绩的取得都只是暂时的，只能作为一个起点。父母应告诉孩子"满招损，谦受益"的道理，有意识地给孩子介绍一些成功者的经验，告诉他们古今中外凡是有所作为的人，都是在取得成绩后仍能保持谦虚奋进的人。父母要让孩子知道，骄傲自大是一个可怕的陷阱，而且，这个陷阱是自己亲手挖掘的，要想离开这口陷阱，就必须戒骄戒躁。

二是父母要作好谦虚低调的表率。父母要想培养孩子谦虚做人的美德，就要成为孩子高尚人格的榜样。父母要谦虚友善，不要在孩子面前表现出自负情绪，以免孩子受到不良影响。不要在孩子面前嘲笑、贬

第五章 行事谨慎，谦恭有礼
——弘扬谦虚美德，打造谦谨家风

低别人，不要炫耀自己的优势，对待同事、邻居和亲朋都要低调谦虚，而不是骄傲自负。

做人倨傲自负，无异于引火烧身；不骄不卑，才是保全自己的良策。"凡论人有要：矜物之人，无大士焉。彼矜者，满也；满者，虚也。满虚在物，在物为制也。矜者，细之属也。"《管子》中的这段话告诉我们，评价一个人，是有一定标准的，凡是能够做出一番伟大事业的人，没有一个是具有骄矜之气的人。那些骄傲且飞扬拔扈之人常常表现出自满、孤傲，而这些正是他们自己空虚的表现。

骄矜，是指一个人骄傲专横、傲慢无礼、自尊自大、好自夸、自以为是，这样的人在现实生活中还是经常能看到的。他们大多自以为能力很强，很了不起，做事比别人强，看不起他人。由于骄傲，则往往听不进别人的意见；由于自大，则做事专横，轻视有才能的人，更看不到别人的长处。

骄横自大的人，不肯屈就于人，不能忍让于人。领导过于骄横，则不可能指挥好下属；下属过于骄傲，则不会服从领导；儿子过于骄矜，眼里就没有父母，自然不会孝顺。父母想要让孩子养成谦虚的美德，必须首先给孩子做出好的表率，不骄傲、不自负，谦虚低调、谦和待人。

三是引导孩子客观地看待自己。在家庭生活中，父母既不能忘记要多表扬孩子的优点，激发孩子的自信，又必须让孩子看清自己，发现自己的不足，这样才能既让孩子保持向上进取的激情，又不至于骄傲自大。父母还要规范孩子的行为，督促他们调整自负情绪，告诉孩子在交友中应该怎样做、不应该怎样做，并加以指导，使其养成良好的行为习惯。

同时父母还要注意表扬要适度，不可表扬过多。表扬过多往往会导致孩子骄傲自满心理的产生。有些父母望子成龙心切，孩子稍微有点

新时代，新家风
——继承传统美德，弘扬时代风尚

进步就欣喜若狂、赞不绝口，久而久之，必然助长孩子的自满情绪。父母在表扬孩子的时候要掌握表扬的技巧，应该就事论事，尽量做到真实、适度，不要过分夸大孩子的成绩，不要让骄傲自满的情绪肆意泛滥。要告诉孩子，山外有山、人外有人，骄傲自大只会让自己受辱，使孩子养成谦虚低调的品德。

四要引导孩子面对和接受批评。很多时候都是旁观者清、当局者迷，因此，接受别人善意的批评建议，是谦虚的表现。当别人指出自己的问题时，虚心接受，并多加反省，及时改正，这样才能完善自己，取得更大进步。

谦虚谨慎的品格，还能使一个人面对成功、荣誉时不骄傲，把它视为一种激励自己继续前进的力量，而不会陷在荣誉和成功的喜悦中不能自拔，把荣誉当成包袱背起来，沾沾自喜于一得之功，不再进取。培育谦谨的家风，对于孩子的成长无疑是有益的。

第五章　行事谨慎，谦恭有礼
——弘扬谦虚美德，打造谦谨家风

5

行事小心谨慎，不狂傲不妄为

俗话说："小心驶得万年船。"行事小心谨慎，也是中国传统家教中对于子孙后代的重要要求。因为"大意失荆州"，不懂得小心谨慎，不仅人生难得有成就，有时甚至连性命也会不保。只有懂得谨慎，不狂不傲不妄为，才能保得平安，并有所成就。

唐朝大将郭子仪，曾在平定安史之乱时立下大功，深得唐肃宗的赞赏，被尊为"尚父"，晋封为汾阳郡王，权倾朝野，享有极高的威望和声誉，"权倾天下而朝不忌，功盖一代而主不疑"，举国上下，人人敬服。可他从不居功自傲，为人谨慎，行事低调，待人处事宽厚、忍让、谦虚、深谙进退之道，很少得罪人。史书称他"事上诚尽，临下宽厚，每降城下邑，所至之处，必得士心"。

郭子仪封王拜将之后，家中妻妾成群，仆从无数，而且巴结讨好的人也多了，每天客来客往，热闹非凡。郭子仪却很坦荡，不两面三刀，一般客人来府上时，也散淡随意，从不让身边的姬妾们回避，唯独对时任御使中丞的卢杞是个例外。

卢杞相貌极其丑陋，脸呈蓝色，很像阎罗殿里的小鬼，故时人都暗称他为"蓝脸小鬼"。只要卢杞来访，郭子仪立命姬妾们回避走开，然后依正规礼节认真接待。姬妾们都很不理解，高官王爵来了郭子仪都

新时代，新家风
——继承传统美德，弘扬时代风尚

随意得很，为啥怕官职并不高的卢杞？郭子仪长叹一口气道："此人不仅相貌极为丑陋，而且心地极为狭窄阴险，睚眦必报，他来时若你们在场，看到他的那副长相，怕是有人会难免忍不住笑出声来，那就闯大祸了。此人一旦掌权，我一族人的性命难保！"还严命家人对这个卢杞一定不要得罪。

这个让郭子仪畏惧三分的卢杞，后来果然当上了"一人之下，万人之上"的宰相，其险恶的内心也就暴露出来了。他就像一条疯狗，嫉能妒贤，看谁不顺眼就咬上一口，只要是跟他有哪怕一点点过节，他都会下狠手报复，不把人整死就誓不罢休。而且只顾自己恩仇，从不管其他。在他害人的名单大网中，职位高低、名声大小、是否会对国家百姓造成损失，都不是他考虑的，他是逮着谁咬谁，唯独对郭子仪一家例外，很少找郭家的麻烦。

郭子仪由于为人处事谨慎低调，得以保全家族，并颐养天年，年八十五寿终。

狂妄者，无以善果；谨慎者，方能立于不败之地。清代金缨《格言联璧》中说："勤俭治家之本，和顺齐家之本，谨慎保家之本，诗书起家之本，忠孝传家之本。"一个家庭要建立起来不难，保持起来才难，所谓"创业容易守业难"，创建一个事业不难，但是要把这个事业保持几十年、几百年不衰，没有谨慎低调的大智慧，很难办得到。家庭又何尝不是这样，只有谨慎是保家之本。

诸事小心，处处谨慎，正是传统文化和传统家风重视的一项内容。在历史上有很多家族为了让子孙后代明白小心谨慎的道理、养成恭谨低调的习惯，煞费苦心，在家训、家规中都特别注明要子孙"行事谨慎"。"行事要谨慎、谦恭、节俭，择交友；存心要公平、孝悌、忠厚，择邻

第五章　行事谨慎，谦恭有礼
——弘扬谦虚美德，打造谦谨家风

居。""一事不谨，即贻四海之忧；一念不慎，即贻百年之患。""诸葛一生唯谨慎，吕端大事不糊涂。"这些都是传统文化中对于谨慎行事的忠言。还有很多古语警告我们为人处世不要太锋芒毕露，不要胆大妄为。"枪打出头鸟""木秀于林，风必摧之"，保护我们自己最好的方法就是处处谨慎、事事小心，否则，灾祸难免。所以，家庭教育中万不可少了谨慎小心这一课。

谨慎小心要从哪些方面做起呢？"慎独、慎微、慎初、慎终、慎言、慎行、慎欲、慎友"，做到这八慎，家庭或是子孙自可高枕无忧了。

一是慎独。所谓慎独，是指在独自一人无人监督的情况下，要谨慎行事。切不可因为是独处，无人监督、无人发现就放纵自我，就为所欲为。恰恰相反，越是独处越要小心谨慎，越要高度自觉，越要不违道德规则、不违做人原则、不违法律法规。因为只有过得了自己这一关，才能真正做一个"完人"，才能抵御一切诱惑，保持高洁的品行。

《大学》曰："此谓诚于中，形于外，故君子必慎其独也。"人生最大的"敌人"不是别人而是自己，最难战胜的也是自己。能不能做到慎独，是检验一个人自觉性、自制力和意志力强不强的重要标志。独处时也能谨慎以对，严格律己，规范和约束自己，就可做到人前人后一个样，保持本色、坚守气节，就能不贻祸端、不留把柄，一生安宁。

二是慎微。所谓慎微，就是越是小事越是细节越小心谨慎，防微杜渐。古人云："不矜细行，终累大德"，"道自微而生，祸自微而成"。不论是在家中还是在社会上，都要重视细节、重视小事，时时刻刻、事事处处把握好自己，认真做好每件小事、管好每个小细节，洁身自好，"不以善小而不为，不以恶小而为之"。

三是慎初。所谓慎初，就是不管做任何事情第一次做的时候务必谨慎小心，切不可马虎大意，或是放松自己，一定要把第一次做好，把

新时代，新家风
——继承传统美德，弘扬时代风尚

住第一次，守住第一关。孩子正在成长，有许许多多的事情都会是孩子的第一次，有好事有坏事。如何教孩子敢于尝试好的第一次，勇于避开坏的第一次，认真做好第一次，都是家教的关键内容。

四是慎终。所谓慎终，就是在事情结束的时候一样要谨慎小心，切不可因为事情要完结了而放松自己，大意马虎，以至于出现不好的结果。《资治通鉴》曰："慎终如始，则善矣。"也就是说，慎终，才能善终。家长要引导孩子善始善终，越是事情接近尾声的时候，越要认真仔细，不可放松。

五是慎言。所谓慎言，就是说话要谨慎。俗话说"祸从口出""言多语失"，也有"一言不慎身败名裂，一语不慎全军覆没"的箴言，故"言必适时，言必适性，言必适度"，说话要看场合、看时机、看对象，把握好分寸，否则宁肯不说。同时，要对自己说出的每一句话负责，言出必行，行必有果。

六是慎行。所谓慎行，就是行为要谨慎检点，端正清白，自觉自律，三思而行。要严格遵循法律法规和纪律制度，不越雷池半步。要考虑好"行"的方式，衡量"行"的后果，避开一切不好的行为，保证行事正确，寻找最有利于行的技巧，使"行"能达到高效简洁、事半功倍的效果。

七是慎欲。所谓慎欲，就是面对自己的欲望或是各种各样的诱惑的时候，要谨慎小心，把握好欲望的度。欲望是人的一种生理本能，是推进人不断进步进取的动力。但是，欲望多了、大了，就要生贪心，欲望变成了贪欲，那就不是进取的动力，而成为毁灭的推力了。古人说："罪莫大于多欲，欲不除，如蛾扑火，粉身乃止。"欲望是脱缰的野马，是决口的洪水，如果任由其放纵必然导致堕落和自我毁灭。所以家庭中要多告诫孩子克制欲望，把自己的欲望控制在合理的范围之内，切不可纵欲任贪，而要保持自己的骨气和气节，保持自己的清白，从小学会在金钱和名利面前不丧志、不失节、不折腰,堂堂正正做人,勤勤恳恳做事,清清白白立世,这样才能做一个受人尊敬的人。

八是慎友。所谓慎友,就是交朋结友时要慎重。《弟子规》中有一句发人深省的话:"泛爱众,而亲仁。"说的是可以广泛地爱大家,要亲近有仁德的人。孔子给我们定了一个交友的标准:"益者三友,损者三友。友直、友谅、友多闻,益矣;友便辟、友善柔、友便佞,损矣。"要从小教给孩子,让家庭中的每一个成员都以这样的标准来交友。要多交德友、善交益友、乐交诤友;不能随便交友、交损友、滥交友。要慎重对待社会交往,正确处理人际关系,注意净化自己的社交圈、生活圈和朋友圈,远离宵小,亲善品高德清之人。

谨慎是保家之本。一个家庭要长远兴盛,最应该注意的就是小心谨慎、周密考虑,三思而后行,这是需要父母从小就教导孩子的。

新时代，新家风
——继承传统美德，弘扬时代风尚

6

谨守法纪，不越规不逾矩

谨慎家风最显著的特征就是谨守礼数，遵纪守法，不偏轨道，不破规矩。因为要想家族兴盛长久、家庭幸福绵长，遵纪守法是最基本的保障。遵守法律规定，恪守纪律规范，是谦谨家风的首要特征，也是中国传统文化的核心内容。不违礼法、谨守规矩，是几千年传承下来的优良传统。

《左传》中记述了一个"齐桓下拜受胙"的故事。有一年夏天，作为当时春秋五霸霸主的齐桓公在葵丘与各国诸侯聚会，为的是重申原来的盟誓，使大家更加友好。这是当时的礼仪规矩。周襄王派使者宰孔赏赐齐侯一块祭肉"胙"。宰孔说："天子正忙于祭祀文王、武王，特派我来，赏赐伯舅一块祭肉。"齐侯刚要下阶拜谢。宰孔说："且慢，后面还有命令。天子命我告诉您：'伯舅年纪大了，加之对王室有功，特赐爵一级，不必下阶拜谢。'"齐桓公说："天子的威严，离我不过咫尺，小白我岂敢贪受天子之命'不下拜'？那样只会让我丧失下臣的尊敬，使天子也蒙受羞耻。怎么敢不下阶拜谢！"于是不顾自己年老，坚持按照礼仪法度的规定，走下台阶，下跪拜谢，然后再登堂领受胙肉的赏赐。

按照当时的礼仪规矩，胙是天子祭祀社稷宗庙的物品，事后只能

第五章　行事谨慎，谦恭有礼
——弘扬谦虚美德，打造谦谨家风

赐予宗室，也就是和天子同姓的诸侯，而且被赐予者必须"下拜"领受。齐桓公虽然是当时霸主，位居诸侯之首，但齐桓公非姬姓宗室，没有受赏的资格，不过由于齐桓公特殊的地位，周襄王也就给予他特殊的礼遇，赏他"胙"，并特命免去"下拜"之礼。周天子有权这样做，这是合乎礼仪的。如果齐桓公骄傲自负，不懂得谦恭守礼、遵守规矩，有着自己春秋五霸之首的底气，那肯定就坡下驴，顺势就免了"下拜"之礼。但齐桓公没有这样做，而是不顾年迈，也不恃功高，当着众诸侯的面，坚持要"下拜"受赐，绝不违礼法，就是一种守规矩、遵法纪的表现。这种谦恭、低调、不越规不逾矩的品性，或许正是他称霸一方、保得齐国平安强盛的原因之一。否则，只怕在当年与公子纠争位时就已经败了。

古往今来，无数事实证明，不能自觉守法纪的人肯定会终日不安，提心吊胆。只有守礼畏法者，是非分明，处事秉公，以正立身，才会心地光明坦荡，无所畏惧，快活自在。

传说有一日早朝，明太祖朱元璋忽向到班候旨的群臣提出一个问题："天下何人最快活？"众人各抒己见，莫衷一是，有人说功高盖世者最快活，有人说金榜题名者最快活，有人说身居高位者最快活，有人说富甲天下者最快活……但这些回答朱元璋都不是很满意。朝中一时沉默。这时一个名叫万纲的大臣说："天下畏法度者最快活！"朱元璋听后连连点头，当场夸赞万纲的见解独到。

家庭要长久兴盛、幸福久远，更需要把遵纪守法放在第一位，这样才能保证家中欢笑常在，平安长久。不守法不畏法，只会受到法纪的惩罚，影响家庭的幸福。家庭成员中有一个不遵纪不守法，势必使全家陷入危险之中，全家为之担惊受怕，甚至还会因此导致家破

新时代，新家风
——继承传统美德，弘扬时代风尚

人亡的惨烈后果。哪一个家庭敢冒如此之风险呢？这样的案例并不少见。

有一个孩子，上小学时就不爱学习，一天到晚到处惹是生非，因为是家中的独生子，父母对他很宽容，舍不得打也舍不得骂。有一次，他和同学争吵，捡起一块石头就砸在同学的头上，同学头上顿时鲜血直流。都这样了，父母也没有责骂和惩罚他，当受伤同学的父母生气地骂他时，他的父母反而护着他，说："小孩子不懂事，我们出钱，多少钱都出。"

这个孩子初中毕业后打工，在厂里也不好好干活，而且听不得别人的教导。有一次他上班不专心，工序出错导致一批货质量不合格，给工厂造成了很大的损失，被厂里开除了。他将心里的怨气发泄在主管的身上，将主管砍伤致死，他自己也因此被判了死刑。那一年，他刚刚19岁。他的母亲因为受不了这样的刺激，自杀身亡，他的父亲痛失两位至亲，进了精神病院。一个原本应当幸福快乐的家庭分崩离析，家破人亡，怎能不令人扼腕叹惜！

不遵纪不守法、没原则没底线，孩子从小无规无矩、无所敬畏，后果是不堪设想的。爱孩子是每个父母的天性，但千万不可溺爱，如果连法律法规都不管不顾、不敬不畏，不教孩子遵纪守法，那家庭的幸福就只是一句空话。所以，父母要在家庭生活中把遵纪守法放在第一位，从小培养孩子遵纪守法的习惯，塑造谨慎家风。

一是要制定守法家规。在中国古代，尤其是唐宋以来，中国的家族、家庭一直用家规、族规约束着家族子弟的行为。一旦违犯，先用家法予以惩处。"家法"就是专门用来惩罚违犯家规的人，严重的甚至可以"杖

第五章　行事谨慎，谦恭有礼
　　——弘扬谦虚美德，打造谦谨家风

毙",就是直接打死。有如此严厉的家法,家族中的人从小对规矩就有敬畏之心,懂得守规矩、守礼法,长大自然会敬畏国法、遵守法纪。没有家规、家法的家庭,如果从小任由孩子称王称霸、无所畏惧,长大希望他再学会敬畏国法,恐怕是很难的。

　　因而父母要从小给孩子灌输守规矩、守法纪的意识,制定家法、家规,若孩子有违犯,小惩大戒是不能少的,一定要让孩子明白规矩和法纪的严肃性和违犯后的严重性,让孩子从小敬畏家规,长大才能不犯国法,这就是制定遵纪守法家规的作用。

　　二是要积极配合学校对孩子进行遵纪守法教育。如学校的规定、纪律、《中小学生守则》和《校园规范》等,是学校的行为准则,每个学生必须遵守,切不可任性。如果孩子违反了校规、校纪,要及时进行批评教育,切不要放任。

　　三要对孩子进行法律常识教育。父母要注意把那些同孩子生活直接相关的法律常识条文与实例结合起来进行教育。比如过马路时讲一讲交通法规,发现有损害公物的现象发生时也要告诫孩子这是违法行为,同时告诉孩子要懂得用法律保护自己的基本利益,如人身权利、财产权利等。教孩子懂得社会规范人人都须遵从,让孩子明确哪些行为是违法的,其法制观念就会逐渐加强,也就可以防止他们去做违法的事。

　　四是父母做好榜样。不管什么教育,父母的榜样作用都是第一重要的。父母平常要依法办事、遵法守法,绝不违背法律规定,做守法好公民,以自己的行为去影响、教育孩子最为有效。

　　五是注意孩子言行中的不良苗头,有的放矢地展开守法教育。平时多观察孩子的表现,如果发现了不良苗头,就要及时谈心,了解情况,采取教育措施,预防孩子走上邪路。

　　遵纪守法是好家风的基本标准,是谦谨家风的重要内容,也是一

新时代，新家风
——继承传统美德，弘扬时代风尚

个家庭保持平安幸福的关键。为了家庭的幸福，父母一定不要忽视从小对孩子进行遵纪守法的教育，引导孩子从小遵守法律法规，敬畏法律，父母也要以身作则，做知法、懂法、守法的好公民。

第六章 克勤克俭，不怠不奢

弘扬勤俭美德，谨守勤俭家风

勤俭节约，力戒奢靡，是中华传统文化和传统美德的重要内容，也是传统家风最普遍的内容。持家不可不俭，兴家不可不勤。勤可致富，勤可兴家；俭可养德，俭可旺家。克勤克俭，不怠不奢，才能家道兴旺，家运昌盛。

第六章　克勤克俭，不怠不奢
——弘扬勤俭美德，谨守勤俭家风

1 成由勤俭败由奢

古话说得好："历览前贤国与家，成由勤俭败由奢。"意思是看尽前朝旧事，不论家国，成功兴旺都来自勤俭节约，衰落败亡皆因奢侈浪费，以此告诫后人要勤俭节约，不要奢靡浪费，因为奢靡败家亡国，贻祸子孙。这不仅是诗人个人的观点，更是传统文化中一个重要的观点。《左传》里说："俭，德之共也；侈，恶之大也。"《墨子》说："俭节则昌，淫佚则亡。"诸葛亮在《诫子书》中也以勤俭诫子，留下"静以修身，俭以养德"的千古名言。

确实，纵观古往今来，古今中外，不论是国还是家，不论是企业还是个人，都离不开"成由勤俭败由奢"这个真理。国兴国亡，家旺家败，无不应了"成由勤俭败由奢"的谶言，无论家国还是个人，无不因节俭而盛，因奢侈而衰。

在中国历史上，历代的亡国之君几乎无一是俭朴之人，多是淫暴之主、奢靡之辈，一味追求享乐，以奢侈浪费为乐事，比如亡商的商纣王、亡周的周幽王。

有一次，一个工匠制作了一双精美的象牙筷，献给商纣王，纣王爱不释手，文武百官都说只有纣王才配使用这双象牙筷。只有忠肝义胆的比干心忧如焚，向纣王进谏说：请纣王不要用这双象牙筷，因为如果

新时代，新家风
——继承传统美德，弘扬时代风尚

用象牙筷吃饭，就会想到要用金碗玉碟来盛菜才配得上这么高级的筷子，有了金碗玉碟，那必须盛山珍海味才相得益彰。吃上讲究了，穿也必然会跟着奢华起来，绫罗绸缎、丝帛缣绢都嫌差。住更讲究了，亭台楼阁、雕梁画栋也不够。如此下去，就是有金山银山也不够用。可纣王根本不听比干的话，接受了这双精美的象牙筷。后来，纣王果真如此这样做了。如预言的那样，走上了亡国之路。

《史记·殷本纪》称："以酒为池，悬肉为林，使男女保相逐其间，为长夜之饮。"要知道那时候酿酒需要大量的粮食，肉也只能是身居高位者才能享用的高级食品，有多少人每天只能以野菜度日，又有多少人平生也吃不起几次肉食，纣王这样浪费，想不亡国都难。

还有周幽王，贪婪腐败，不问政事，任用虢石父为卿士，执掌政事。虢石父为人奸诈，善于奉承，贪图财利，却偏得周幽王重用。传说因周幽王的宠妃褒姒爱听裂帛之声，于是周幽王搜罗天下绝好丝绸汇于宫中，命人整日撕碎，只为了让褒姒听那好听的裂帛之声；为了博褒姒一笑，周幽王更是不惜"烽火戏诸侯"，让天子之威累堕于地，诸侯不再听烽火援救之令，最终犬戎大军来犯时烽火急燃，却无一人来救。犬戎攻入镐京，周幽王和褒姒俱皆身死，周室财富被洗劫一空，强盛一时的周王朝元气大伤，就此衰落，东迁至洛阳。之后天下大乱，诸侯纷起，列强逐鹿，争霸天下，周王朝最终消亡。

帛是什么？帛就是丝绸制品的总称。想一想在三千多年前的周朝，这样的丝织品有多么珍贵，多么难得，很多平民百姓终其一生可能连见都难以见到，而周幽王却将这样珍贵的物品拿来白白地撕毁了，这是多大的浪费！这样暴殄天物，不亡国才怪！

那些开国之君、兴家之祖，无一不是清明俭朴之人。国之兴盛、

第六章　克勤克俭，不怠不奢
——弘扬勤俭美德，谨守勤俭家风

家之繁荣，都是靠勤俭节约、艰苦奋斗而得的。

如秦朝从成为诸侯国开始到统一全中国，历经37代，历时500多年，直到第38代君主秦王嬴政终于统一天下，建立大一统的王朝秦朝。而为大一统开疆拓土的秦国历代先祖，秦穆公、秦桓公、秦献公、秦孝公、秦惠文王、秦昭襄王等，尽皆勤勉俭素、夙夜孜孜，思虑国事，操心百姓，殚精竭虑，一刻不息，为秦始皇嬴政奠定了深厚的基础，才最终有了统一全中国的大秦帝国。秦代先祖的勤俭节约、艰苦奋斗代代相传，从未改变。秦穆公信奉"以俭得之，以奢失之"，一生勤俭，从未懈怠；秦孝公为变法强国，常与商鞅连夜商谈，不觉天白。大秦帝国由弱而强、最终扫荡六国、统一天下，是经过秦国几代、十几代、几十代国君持续不懈的艰苦打拼，才成就的千古伟业。

还有很多开国之君如唐太宗、宋太祖、明太祖等，都是勤政节俭的好皇帝。明太祖朱元璋将节俭落实到了请客吃饭这样的小事上。朱元璋给皇后过生日时，只用红萝卜、韭菜，两碗青菜，小葱豆腐汤宴请众官员，而且约法三章：今后不论谁摆宴席，只许四菜一汤，谁若违反，严惩不贷。

大多数家族的兴旺发达，也是因为始祖的勤奋和节俭。特别是历史上那些著名的大家族，更是勤俭兴家的典范。

山西祁县乔氏家族，生意兴隆通四海，财源茂盛达三江，开钱庄、茶庄、酒铺、粮铺，资产达千万两白银以上，富甲一方，是晋商中最有名的家族。其最初财富是先祖乔贵发只身一人去塞外，靠磨豆腐一点点积攒出来的，勤俭正是乔家的发家之本。乔家子孙为了守住祖先一点一

新时代，新家风
——继承传统美德，弘扬时代风尚

滴积聚的家财，继承了祖先勤劳节俭的精神。

乔家发迹后也只是在旧院里盖了个像样的四合院，乔贵发深知，买卖有赚就有赔，既要赚得起也要赔得起，才能立于不败之地。在买卖兴隆时，他便把赚下的银子积存起来，以备不测，并教导子女，要勤俭持家，绝不能奢侈浪费。乔家大院老宅门上的"慎""俭""德"三字至今尚存，正是这几个字，让乔家在长达两个多世纪的经商岁月里，创下了偌大的家业。

这些事例都清楚地说明了一个道理："成由勤俭败由奢""俭起福源，奢起贫兆""始作骄奢本，终为祸乱根"，"奢"就是祸胎，是恶俗，是凶兆，用以管家则家败，用以做事则事衰，用以治国则国亡。只有勤俭才是治家兴家的法宝。

正是基于此，在传统家风中，"勤俭"至为重要。勤俭兴家，勤俭旺家，勤俭持家，都是传统家训中的重要内容。不管是富是贫，勤俭持家都是重要的家训。很多有见识的家长都把"成由勤俭败由奢"作为家训传给子孙。

司马光曾专门写有《训俭示康》，从正反两方面阐述成由俭、败由奢的道理。

朱柏庐在其《朱子家训》中教导后代："一粥一饭，当思来处不易；半丝半缕，恒念物力维艰。"

朱熹教子是他著名的"四本思想"——"读书起家之本，循理保家之本，和顺齐家之本，勤俭治家之本"，教育儿孙要多读多思，遵守天理国法，安分守己，和顺友善；勤俭持家，以求家大业旺，香火千年。

曾国藩非常崇尚节俭，他不仅在日常生活中以勤俭二字约束自己，

第六章 克勤克俭，不怠不奢
——弘扬勤俭美德，谨守勤俭家风

而且还经常对其家人进行这方面的教育。他在致四弟家信中写道："吾家累世以来，孝弟勤俭。辅臣公（曾国藩的高祖父）以上吾不及见，竟希公（曾国藩的曾祖父）、星冈公（曾国藩的祖父）皆未明即起，竟日无片刻暇逸。竟希公少时在陈氏宗祠读书，正月上学，辅臣公给钱一百为零用之需，五月归时，仅用去二文，尚余九十八文还其父，其俭如此。星冈公当孙入翰林之后，犹亲自种菜收粪。吾父竹亭公之勤俭，则尔等所及见也。今家中境地虽渐宽裕，侄与诸昆弟切不可忘却先世之艰难，有福不可享尽，有势不可使尽。勤字工夫，第一贵早起，第二贵有恒；俭字工夫，第一莫着华丽衣服，第二莫多用仆婢雇工。"

除了这些名人家训外，流传下来的许多家族规训中，对于勤俭二字，也是高度重视。我们可以看到很多普通家庭的家训中都有勤俭持家的训示。

宋·倪思《经锄堂杂志》：俭者，君子之德。世俗以俭为鄙，非远识也。俭则足用，俭则寡求，俭则可以成家，俭则可以立身，俭则可以传子孙。

明·庞尚鹏《庞氏家训》：孝、友、勤、俭四字，最为立身第一义，必真知力行。学贵变化气质，岂为猎章句干利禄哉唧子弟从师问业，本有课程，尤当旦暮间察其勤惰验其生熟，使知激昂奋发，有所劝惩，乃不负责成之志。子弟以儒书为世业，毕力从之。力不能则必亲农事，劳其身，食其力，乃能立其家。否则束手坐困独不悉冻馁乎？思祖宗之勤苦，知稼穑之艰难，必不甘为人下矣。前代举贤，以孝弟、力田列制科使从业其官，皆习知民隐，岂忍贼民以自封殖哉？妇主中馈，皆当躬亲为之。凡朝夕柴米蔬菜，逐一磨算稽查，无令太过、不及。若坐受豢养，

145

新时代，新家风
——继承传统美德，弘扬时代风尚

是以犬豕自待而败吾家也。

明·王刘氏《女范捷录》：勤者女之职，俭者富之基。勤而不俭，枉劳其身；俭而不勤，甘受其苦。俭以益勤之有余，勤以补俭之不足。若夫贵而能勤，则身劳而教以成；富而能俭，则守约而家日兴。

明·姚舜牧《药言》：居家切要，在"勤俭"二字，既勤且俭矣，尤在"忍"之一字，偶以言语之伤，非横之及，不胜一朝之忿，构怨结仇，致倾家室，可惜历年勤俭之苦积，一朝轻废也，而况及其身，并及其先人哉，宜切戒之！

清·汪辉祖《双节堂庸训》：俭，美德也。俗以吝啬当之，误矣。省所当省曰俭；不宜省而省，谓之吝啬。

在传统家风、家训中，这样的教诲比比皆是。因为历代家长都明白"成由勤俭败由奢"的道理，不管家族是大是小，是贫是富，重要的保家兴家、让家族长久发达的秘诀，都是勤和俭。好家风就是勤俭之风、戒奢之风、节约之风、勤劳之风。

2 劳动光荣，所有的劳动都值得尊重

勤俭家风，勤为第一。

所谓勤，就是做事尽力、不怠惰、不偷懒，它与懒惰是相对的、相反的。勤与劳是一起的，勤就是要劳动、要做事，而且竭尽全力做事，不偷懒、不耍奸，认认真真、踏踏实实。

勤劳是最受人尊重的品质。自古至今，这个价值观从来都没有改变，因为世界上所有的一切都是劳动创造的。而勤劳更是中华民族的传统美德。

在中华民族五千年灿烂文化中，圣贤们身体力行给勤劳赋予了无比神圣的意义。《抱朴子·广譬》中说："不惰者，众善之师也。"宋代罗大经在《鹤林玉露》中说："民劳思，思则善心生；逸则淫，淫则万恶生。"

中国古代的禅著《百丈丛林清规》的主要精神是"一日不作，一日不食"，认为人不可不参与劳作，每个人都有劳动的义务，劳动了才有资格吃饭。制定该清规的百丈怀海禅师不仅是该制度的建立者，也是实践者。他每日除了领众人修行外，还随众人上山担柴、下田种地，生活中的任何事都亲力亲为、自食其力，到了90岁还是一如既往地日日劳作。弟子看到师父年纪大了，不忍心让他再下田种地，但又不敢劝师父，只好把他的锄头藏起来。找不到锄头的百丈禅师虽然不下田，但也

新时代，新家风
——继承传统美德，弘扬时代风尚

不吃饭，他绝食三日，弟子劝他吃饭，他说："我不是规定过，一日不作，一日不食吗？"弟子只好把锄头还给他。传说他下地劳动到96岁临终前的最后一天。

一日不劳作，一日不得食，劳动创造一切，劳动获得一切，不劳动，就没有资格享受。这是古人对劳动的最高赞赏，也是对劳动的至高尊重。

从某种意义上说，是劳动创造了人类，创造了历史，创造了物质文明和精神文明。几千年来，中国人民用自己勤劳的双手和丰富的智慧，辛勤劳作，艰苦奋斗，创造发明，改造自然，对全人类、对整个世界作出了无比巨大的贡献。没有劳动就没有这个丰富多彩的世界，所以劳动是伟大的，是光荣的、神圣的，更是值得尊重的。

劳动是没有高低贵贱之分的，做工是劳动，务农是劳动，教书育人是劳动，保护环境也是劳动。大地上农民们不分寒暑地劳作，洒下无数辛勤的汗水，才有我们天天吃的粮食和蔬菜；清洁工们很早就上街开始了清扫街道、铲除垃圾的劳动，是这些"美容师"付出了辛勤的劳动，才有了我们美好的生活环境；建筑工人们冒着严寒酷暑，将一砖一石盖成大楼，才有了我们温馨的居所；还有那些公交司机在认真地开车运送着来往的人们，让每个人的出行都方便快捷；那些警察辛勤地维护着治安、指挥着交通，让我们的生活安全而宁静；那些老师在讲台上孜孜不倦地为孩子们授课，让孩子们增长知识和才干；那些雕刻家用一刀一石雕刻出放置在公园、路旁栩栩如生的塑像，无不给我们美的享受……

这一切都是这些劳动者辛勤劳动的成果。任何一种劳动，对人类都有贡献，所以，任何一种劳动都应受到尊重，劳动果实应该被倍加珍惜。这是我们从小就要教给孩子的。只有让孩子们认识到劳动光荣、劳动伟大、劳动值得尊重，孩子们才会热爱劳动、尊重劳动，养成勤劳的习惯。

第六章　克勤克俭，不怠不奢
——弘扬勤俭美德，谨守勤俭家风

然而，由于各种各样的原因，有些家庭只重视孩子的学习，不重视孩子的劳动教育，使有些家庭中形成了不尊重劳动、认为劳动有轻重贵贱之别的思想，这是一种很不好的家风，也是急需家长们更正的一种不良的家教。

某小学的一个孩子课间不慎将眼镜掉入便坑中，急得没办法。一位厕所保洁员用手从便坑中帮她掏出来，还给了她。没想到她转身就走了，连个谢字也没有。同学问她怎么不好好谢谢人家，她居然说："谢什么，她就是干这个的。"

一位母亲带着孩子在公园里玩的时候，居然坐在长椅上嗑瓜子，当清洁工上前劝阻时，孩子理直气壮地说："你不就是扫地的嘛，我们不扔点垃圾，你没活干，不就下岗了吗？"这位母亲不仅不批评教育孩子，还指责清洁工"管闲事"，这样的家庭是难以培育良好的家风的。

中秋节时有一家人在一家酒店订了一大桌酒席，山珍海味，满满一桌子。不知是因为客人没来齐还是因为点得太多，桌上剩了很多菜。几个孩子甚至把桌上的金银馒头拿来打仗，丢过去丢过来，弄得满地都是。服务员看不下去了，说："小朋友，这可是粮食，别这样浪费好吗？"没想到一位家长却说："我们已经付钱了！""谁知盘中餐，粒粒皆辛苦。"家长不懂得珍惜，又怎能要求孩子？

这些都是不尊重劳动、不懂得珍惜劳动成果的行为。不爱惜劳动成果，不知道这些劳动成果凝聚着劳动者的血汗。这是表现在很多家庭和孩子身上的通病，急需转变和更正。重要的就是家长要在家庭中加强对孩子的劳动教育，教育孩子尊重所有的劳动，珍惜劳动成果，养成勤俭、艰苦朴素的好家风。

新时代，新家风
——继承传统美德，弘扬时代风尚

3 从小养成勤劳的习惯

勤劳是一种品质，更是一种习惯，这样的习惯越早培养越容易形成。在家风建设中要着重培养孩子这样的习惯。早在古代，一些明智的父母就开始教导自己的子女，培养他们良好的劳动习惯，使他们具有勤劳的美德。

春秋时期，鲁国贵族子弟公父文伯继承祖上的"大夫"爵位后十分得意，认为母亲敬姜不应再做纺线织麻等活了，怕引起他人耻笑。敬姜听后便严肃地教导说："劳则思，思则善心生；逸则淫，淫则忘善，忘善则恶心生。"意思是说：只有辛勤劳作，才能想到爱惜物力，知道节俭，才能产生善心；贪图安逸，就容易放荡堕落，就会丧失善心，品德败坏。敬姜还教导儿子：自天子下至庶人每天的工作虽然各有不同，但他们都勤勉从事，"无日以怠"；妇女则上自皇后下至民女都做着分内的事。自天子到诸侯，自公卿大夫到士庶人，自王后至夫人，自内子士妻到庶士以下，无一人之不劳，无一日之不劳，无一时之不劳。"君子劳心，小人劳力"，这可是祖上的家训。

敬姜以此告诫儿子，就是要教育儿子把勤劳当作一种美德铭记于心，不管什么时候都要保持勤劳的作风，培养儿子勤劳的习惯，不可好

150

第六章 克勤克俭，不怠不奢
——弘扬勤俭美德，谨守勤俭家风

逸恶劳，贪图享乐。

到了现代，勤劳不辍，努力工作，依然是普世的价值观和许多人生活的信条。"冷天不冻下力汉，黄土不亏勤劳人。"勤劳的习惯不仅会让孩子具有独立生存能力、有责任感，也有助于孩子形成良好的思想和道德品质，培养孩子尊重劳动、珍惜劳动成果的意识，养成勤俭、艰苦朴素的好作风，锻炼孩子吃苦耐劳、克服困难的坚强意志，养成自立、自理、自强的进取精神，增强孩子体质、提升孩子的智力，还可以培养孩子的观察、分析、判断、创造能力和动手能力，让孩子心灵手巧，并且能激发孩子的创造力，在劳动中享受到创造的快乐。

有俩孩子，因为早晨起来就要帮家里烧饭，但他们又想利用烧饭的时间看书，以至于有时读书入了迷，忘了熄火，饭就烧糊了。为了解决看书和烧饭两不误这个难题，这两个孩子一起研制了一个饭熟报警器。它是利用杠杆原理制成的，一头是装了米和水的锅，一头是相当重量的沙罐。当饭熟时气体蒸发，重量减轻，沙罐下垂接通电源，电铃便自动报警。如果人在外面，听不到电铃的声音，报警器还可以自动将灶炉门关闭。是劳动激发了他们的创造热情，在劳动中他们的学习兴趣也越来越浓厚，也更乐于去认真思考。

劳动创造一切，劳动带来一切。马克思说过："任何一个民族，如果停止劳动，不用说一年，就是几个星期，也要灭亡。"劳动是我们生存于世界的最为神圣的活动，是每一个现代人必备的基本素质和行为习惯。每一个人都要养成勤劳的习惯，如此才能享受到美好的生活。一个好吃懒做的人，是不可能在这个世界上获得成功，实现自己的价值的。从小培养孩子勤劳的习惯，培育勤俭的家风，不论对家庭还是对孩子，都至关重要。

在家庭生活中，培养孩子的勤劳习惯，父母要从以下几个方面着手。

一要让家庭成为孩子热爱劳动、学会劳动的重要场所。父母要起到率先垂范的教育作用，工作勤奋努力，不懈不怠，不在孩子面前流露出懒散、消极的心态和举止；平时和孩子交流，也不可流露出鄙视劳动、轻视所谓"底层劳动者"的言行。要有意识地向孩子灌输劳动有益于培养勤奋努力的学习精神、有助于培养社会生存能力与活动能力、有助于应对困难与危险，让孩子懂得劳动创造一切的道理。要把家庭作为劳动教育的重要场所，带领孩子拖地板、清理书桌、打扫卧室、洗碗收碗、择菜洗菜等，让孩子在家务劳动中认识到劳动的意义，学习到劳动技能；多让孩子参与家庭劳动、社会公益性劳动、学校集体劳动，培养孩子的劳动习惯。

二是多鼓励孩子劳动的积极性。孩子实际上是爱劳动的，只不过因为有的父母太过娇宠孩子或是一心只要孩子努力学习、不让孩子做一些力所能及的家务，放任了孩子的懒惰，也打击了孩子劳动的积极性。其实父母多鼓励、早引导，不管孩子做得好不好，都表扬和赞赏，孩子的劳动积极性就会大大增强，养成勤劳习惯，摒弃懒惰恶习。

妈妈教7岁的儿子洗袜子。学会后，孩子坐在小凳子上有模有样地用搓衣板搓洗，妈妈看到孩子的可爱状态，马上拍下劳动场景照片，并发到朋友圈里，立刻引来好多网友的围观和评论。妈妈高兴地说："儿子，妈妈把你劳动的场景拍下来传到网上，哇，好多叔叔阿姨都表扬宝宝好棒！""真的吗？"儿子开心地问。

当然是真的，你听妈妈给你念念。

第六章　克勤克俭，不怠不奢
——弘扬勤俭美德，谨守勤俭家风

"第一条评论：七岁会洗袜子了，好能干的孩子啊，我太喜欢了，可爱的小朋友。

"第二条评论：小弟弟真棒，爸爸妈妈培养得很好！我们家的小姐姐要向小弟弟学习哟，自己的事情自己干！

"第三条评论：好样的！好孩子就是要从小热爱劳动。

"第四条评论：劳动光荣又快乐。小帅哥，开心吧？"

妈妈边读边看儿子的表情，只见儿子听得非常认真，而且开心地微笑着。妈妈抓紧机会说："宝宝，你真的好棒哩，会劳动的孩子就是最棒的！"儿子笑得甜甜的。

做饭的时候，儿子马上跑过来帮妈妈的忙，择菜、端饭、摆筷子，做得极为认真。妈妈在一旁开心地笑了。

俗话说："好孩子是夸出来的。"多表扬孩子，会让孩子体验到劳动所带来的甜头，就能很好地激发孩子的劳动热情，让孩子以后更愿意主动参与劳动，从而很容易地培养出孩子勤劳的美德和习惯。

三是记得给孩子分配适当的家务劳动。参加力所能及的劳动，不但可以使人掌握生活技能，对家庭、社会作出一定的贡献，而且能够磨炼意志，锤炼品格，锻炼身体，培养勤劳的美德。不爱劳动，常常会成为好逸恶劳、投机取巧、庸俗虚荣、软弱无能等不良品德发生的原因。因而家长不要溺爱孩子，要根据孩子不同的年龄，给孩子分配力所能及的家务劳动，让孩子学会这些基本的生活技能。让孩子经常帮父母打扫环境卫生，洗碗、择菜、收拾屋子、清洗厕所等，及早让孩子树立"自己的事自己来做，不要给别人添麻烦"的劳动观念，克服依赖父母的惰性，让他们学会自我料理生活，懂得为父母分担家务是一种责任。

人们常说习惯成自然。勤劳的习惯也是一样，经常坚持，持之

新时代，新家风
——继承传统美德，弘扬时代风尚

以恒，就一定可以养成。有良好劳动习惯的人，不管从事什么样的工作，不管在什么情况下，都有一种奋斗不息的热情，有勤勤恳恳、埋头苦干的作风，有不畏艰苦、奋发向上的精神，长大后也一定会有所成就。

第六章　克勤克俭，不怠不奢
——弘扬勤俭美德，谨守勤俭家风

4 坚决克服懒惰和懈怠

勤劳最大的敌人就是懒惰，就是懈怠，就是散漫消极、不思进取。因而要培养勤劳的习惯，必须克服懒惰和懈怠。

世间任何事，都需要勤奋努力才能实现。"勤能补拙是良训，一分辛苦一分才"。没有勤奋，是什么也得不到的。

在美国，有一个人在一年之中的每一天里，都几乎做着同一件事：天刚刚放亮，他就伏在打字机前，开始一天的写作。这个男人名叫斯蒂芬·金，是国际上著名的恐怖小说大师，代表作有《末日逼近》《闪灵》《撒冷镇》《黑暗的另一半》《致命游戏》《亚特兰蒂斯之心》等。

斯蒂芬·金的经历十分坎坷，他曾经潦倒得连电话费都交不起，电话公司因此掐断了他的电话线。后来，他成了世界上著名的恐怖小说大师，整天稿约不断。常常是一部小说还在他的大脑之中构思着，出版社高额的订金就已经支付给了他。

如今，他算是世界级的大富翁了。可是，他的每一天，仍然是在勤奋的创作之中度过的。斯蒂芬·金成功的秘诀很简单，只有两个字：勤奋。一年之中，他只有三天的时间是例外的——不写作。也就是说，他只有三天的休息时间，这三天是：生日、圣诞节、美国独立日（国庆节）。

新时代，新家风
——继承传统美德，弘扬时代风尚

勤奋给斯蒂芬·金带来的是永不枯竭的灵感。缪斯女神对那些勤奋的人总是格外青睐，她会源源不断地给这些人送去灵感。

懒惰是一种好逸恶劳、不思进取、缺少责任心的心理表现。现在有些家庭都是父母勤劳上进、忙进忙出，而子女却清闲无事，要么打游戏，要么睡懒觉，除了学习，从来不做任何家务，事事由父母包办代替，养尊处优，养成凡事依赖别人的习惯，这种依赖性就是导致懒惰的主要原因。

懒惰的人，大多做事容易满足，对自己要求不高，得过且过的思想严重；做事不求真，不求质量，不求快节奏，常抱着"应付"的态度，能推则推，很少主动做什么事。懒惰的人习惯于等、靠、要，从来不想去求知、发明、拼搏、创造，最终只能是一事无成。所以，家庭中一定不要太过娇宠孩子，一定要让孩子克服懒惰的习惯，抛弃懈怠消极的心态。在家庭中父母长辈可以从以下四个方面，帮助孩子克服懒惰和懈怠，养成勤劳习惯。

一是多鼓励。在家庭中多给孩子劳动的机会，鼓励孩子参加各种劳动。孩子在劳动过程中，家长的协助和鼓励很重要。父母的帮助要适时、适当，如果不给孩子提供帮助，失败次数太多，会挫伤其积极性和自信心；但是帮助太多就成了包办。当孩子认真干了，父母就要及时给予肯定，分享他的成功和喜悦。当孩子为自己的成功感到骄傲，对自己的能力有了信心，必然乐于再次去做，并且为了再次得到这种情绪上的愉悦体验，即使在做的过程中遇到问题也能自己想方设法、主动地去解决，不会半途而废。

鼓励不必是物质鼓励，一个眼神或拍拍孩子，都有肯定的作用。父母经常对孩子说："你自己能做""你真棒"。在日常生活中注意培养，每个孩子都能成为生活的小能手。

第六章 克勤克俭，不怠不奢
——弘扬勤俭美德，谨守勤俭家风

二是多示范。任何事情都不是天生就会的，即便是很小的小事，也需要学习才会做。父母要多示范，多引导，对孩子进行一些常识教育，如穿衣、洗澡、洗碗等，一旦孩子掌握了，平时就不要再替孩子做了。孩子的行为习惯通常是从父母那里学习到的，父母的示范意义重大。其中同性的父母对孩子的示范作用更大。要想孩子勤快起来，父母在生活中要向孩子展示自己良好的习惯，切不可自己懒散懈怠，却要求孩子勤劳努力，那是起不了作用的。自己努力奋进、勤劳不辍，做好榜样，孩子跟样学样，也不会懒惰消极。

三是从小处着手。孩子毕竟是孩子，要从他力所能及的地方培养勤劳习惯，不能分派一些他不能胜任的事情，这只会挫伤孩子的积极性，可以从孩子力所能及的家务劳动开始。学龄前的儿童，可以在生活中学习穿衣、扣纽扣、系鞋带、刷牙、洗脸，平时可以学习摆放筷子、替家长取小物件、洗手绢等。让孩子知道懒惰的孩子不受欢迎，只有那些勤劳的孩子才讨人喜欢。还可以给孩子讲些勤劳的故事，让他们在故事中体会只有付出辛勤的劳动才能享受美好生活的道理，在心理上认同勤劳，厌弃懒惰。大一点的孩子可以和父母一起做一些复杂的活动，不仅可以培养孩子的能力，还可以增进彼此的感情。

四要循序渐进，不要急于求成。习惯是慢慢养成的，绝不是一天、一件事就能改变的。所以父母要有耐心，要一点一点修正。每天都能鼓励他做一些事情，孩子慢慢就会转变的。即便是懒惰的孩子，父母也不要批评辱骂，发现他勤快时，就夸他、鼓励他、表扬他。久而久之，孩子慢慢就会喜欢劳动，变得勤快起来。父母还可以规定一下家中哪些事情是妈妈做，哪些事情是爸爸做，哪些事情是孩子做，如果孩子做了，可以得到哪些奖励，如果孩子做不到，或者不愿意做，就会受到哪些惩罚，从而慢慢帮孩子克服懒惰的恶习。

新时代，新家风
　　——继承传统美德，弘扬时代风尚

　　只要家庭中有勤劳上进的氛围，父母长辈做好勤奋努力的榜样，多引导孩子做他力所能及的事情，孩子一定可以克服懒惰的恶习，养成勤劳进取的好习惯，为家庭争光。

第六章　克勤克俭，不怠不奢
——弘扬勤俭美德，谨守勤俭家风

5 以俭为荣，不奢侈不铺张

《左传》云："俭，德之共也；侈，恶之大也。"俭是中华民族的传统美德，中国人历来以勤劳勇敢、不畏艰苦著称，历来讲求以俭持家、以俭旺家、以俭为荣，是中华民族的传统优良家风。很多大族之家都有俭朴家风，以俭为荣，从不奢侈铺张。这样的家风最受人敬重，也是正家的根本。像季文子"以俭为荣"、司马光"以俭素为美"，都是我们塑造俭朴家风的典范，值得我们好好学习。

季文子是春秋时期鲁国的国相，虽然出身贵族、地位显赫，却严于律己、清正端明、尚俭抑奢、尽忠报国，堪称贵族高官的楷模。

《国语》载：季文子相宣、成，无衣帛之妾，无食粟之马。仲孙它谏曰："子为鲁上卿，相二君矣，妾不衣帛，马不食粟，人其以子为爱，且不华国乎！"文子曰："吾亦愿之。然吾观国人，其父兄之食粗而衣恶者犹多矣，吾是以不敢。人之父兄食粗衣恶，而我美妾与马，无乃非相人者乎！且吾闻以德荣为国华，不闻以妾与马。"

季文子虽贵为宣、成两朝国相，却生活俭朴，以节俭为荣，最看不惯那些以炫耀财富为荣的贵族，尤其厌恶讲排场、搞浮华的风气。他的住房极其简陋，平常饮食也是粗茶淡饭。他不仅自己很少穿丝绸衣服，妻子儿女也没有一个人穿绸缎衣服。他家的马匹，也只喂青草从不允许

新时代，新家风
——继承传统美德，弘扬时代风尚

喂粮食。

鲁国大臣孟献子的儿子仲孙它是个纨绔子弟，不懂得节俭的美德，看到季文子这样俭节朴素，很不理解地对季文子说："大人身为鲁国上卿，事两朝国公，妻妾连丝绸衣服也不穿，马也不喂粮食只喂草，这只会让人觉得您吝啬，也不会给国家增添光彩呀。"

季文子说："我当然也愿意穿绸衣、骑良马，可是我看到国内老百姓吃粗粮穿破衣的还很多，所以不敢太奢侈。老百姓吃粗粮穿破衣而我却让妻妾华服美食，让马儿吃粮食，哪里能做一国卿相。而且我只听说高尚品德才光荣才能为国添彩，没听说过夸耀自己的美妾良马会给国家争光。"

一番话说得仲孙它脸红耳赤。在季文子的倡导下，鲁国朝野形成了以俭为荣的好风气。

季文子身为相，却以俭为荣，不与当时的奢靡风气同流，正是高尚品德的体现。在一般人眼中，觉得奢侈富贵好像是很光荣、很有本事，是地位的象征。其实奢侈浪费恰恰是不懂得爱物惜物的表现，是素质低下、道德缺失的表现。爱奢靡、乐享受的人不以为耻，反以为荣，其实是社会的悲哀。真正德行高标、家风纯正的人家，是拒绝奢靡享乐、崇尚俭朴低调的，从来不会因为位高权重或是家族兴盛就为所欲为，竞奢比富。

司马光是北宋著名的政治家、史学家，一生忠孝节义、恭俭正直。他以节俭为乐的品德更是一直被后世传颂。他生活十分俭朴，工作稳重踏实，更把俭朴作为教子成才的主要内容。据有关史料记载，司马光在工作和生活中都十分注意教育孩子力戒奢侈，谨身节用。司马光节俭纯

第六章　克勤克俭，不怠不奢
——弘扬勤俭美德，谨守勤俭家风

朴，"平生衣取蔽寒，食取充腹"，但却"不敢服垢弊以矫俗于名"。他常常教育儿子说："食丰而生奢，阔盛而生侈。"为了使儿子认识崇尚俭朴的重要，他专门给儿子司马康写信，表明自己以"俭素为美"的追求，告诫儿子要以俭为荣，这就是家训史上著名的《训俭示康》。信中说：

"吾本寒家，世以清白相承。吾性不喜华靡，自为乳儿，长者加以金银华美之服，辄羞赧弃去之。二十忝科名，闻喜宴独不戴花。同年曰：'君赐不可违也。'乃簪一花。平生衣取蔽寒，食取充腹；亦不敢服垢弊以矫俗于名，但顺吾性而已。众人皆以奢靡为荣，吾心独以俭素为美。人皆嗤吾固陋，吾不以为病。应之曰：孔子称'与其不逊也宁固'，又曰'以约失之者鲜矣'；又曰'士志于道，而耻恶衣恶食者，未足与议也'。"

他在这封信中强烈反对生活奢靡，极力提倡节俭朴实。"众人皆以奢靡为荣。吾心独以俭素为美。"司马光表明了自己对待生活的最基本态度，也是对当时风气的一种鞭挞。他感叹说："古人以俭为美德，今人乃以俭相诟病。嘻，异哉！"古人以俭约为美德，今人以俭约而遭讥笑，实在是要不得的。司马光赞扬了宋真宗、仁宗、鲁宗道和张文节等君臣的俭约作风，并为儿子援引张文节的话说："由俭入奢易，由奢入俭难"，告诫儿子这句至理名言是"大贤之深谋远虑，岂庸人所及哉"。接着，他辩证而详尽地解释了道德和俭约的关系，他说："言有德者皆由俭来也。夫俭则寡欲。君子寡欲则不役于物，可以直道而行；小人寡欲则能谨身节用，远罪丰家。"反之，"侈则多欲。君子多欲则贪慕富贵，枉道速祸；小人多欲则多求妄用，败家丧身"。

他教子力戒奢侈以齐家。司马光为了教育儿子，警惕奢侈的祸害，常常详细列举史事以为鉴戒。他曾对儿子说过：西晋时何曾"日食万钱，至孙以骄溢倾家"；石崇"以奢靡夸人，卒以此死东市"，"子孙习其家风，

新时代，新家风
——继承传统美德，弘扬时代风尚

今多穷困"。

司马光还不断告诫儿子说：读书要认真，工作要踏实，生活要俭朴，表面上看来皆不是经国大事，然而，实质上是兴家繁国之基业。正是这些道德品质，才能修身、齐家，乃至治国、平天下。

司马光关于"由俭入奢易，由奢入俭难"的警句，已成为世人传诵的名言。在他的教育下，儿子司马康从小就懂得俭朴的重要性，并以俭朴自律。

俭以养德，奢以败德；俭以兴家，奢以败家。俭朴才是最好的家风。力戒奢华，减少浪费，无论是对个人、家庭的发展，还是对社会的发展，都是有益而必要的。在家风建设中，不管家庭多么富裕，财富多么惊人，以俭为荣、朴实低调的家风都是必要的，都是培养优秀子孙的重要方略。如果说，在物质匮乏年代，节俭是生活所逼，那么，在物质越来越丰富、吃穿已不成问题的今天，保持节俭之风，则是对物质的敬畏，对品德的坚守。只有懂得节俭，恪守俭朴，以俭为荣，不奢侈不铺张，俭朴从事，低调做人，才能让日子越过越好，家庭越来越兴旺，子孙越来越有出息。所以，我们每个人都要倡导节俭的风尚，以俭为荣，以奢为耻，在家庭中倡导俭朴家风，制定俭朴家训，要求配偶子女都以节俭为荣，以奢侈为耻，从家庭开始，弘扬节俭之风，坚持节俭精神，塑造俭朴家风。

第六章　克勤克俭，不怠不奢
——弘扬勤俭美德，谨守勤俭家风

6 杜绝浪费，一丝一缕，恒念物力维艰

节约，首先是要杜绝浪费。中国有俗语："吃不穷，穿不穷，挥霍浪费一世穷""兴家犹如针挑土，败家犹如水冲沙"。不懂得节俭，不杜绝浪费，再大的家产也会如水来沙陷一般迅速失去。人无俭不立，家无俭不旺，国无俭必亡，这是千古不变的真理。所以，塑造勤俭家风，一定要在家庭里树立俭朴的理念，坚决杜绝一切浪费。

家庭中的浪费现象很多，比如，零食买得多吃得少、买了花不养、餐桌上的浪费、长明灯、长转扇、长流水，随处可见；一次性餐盒、筷子、纸杯使用没有节制；份子钱越随越多，酒席越摆越贵，场面越来越大，人情关、面子关越来越难过，铺张浪费，追求奢华……这些奢侈和浪费，满足的只是短暂的虚荣，却背离了优良的传统。这些行为不仅会使家庭经济受到影响，也是对社会资源的滥用。所以，家庭生活中每一个家庭都有杜绝浪费的责任，都要养成节俭的习惯，杜绝家庭任何浪费，教孩子养成爱物惜物的理念，"半丝半缕，恒念物力维艰"，珍惜和爱护一滴水、一张纸、一度电、一粒米，养成节约习惯，全面杜绝浪费。

家庭杜绝浪费，塑造节俭家风，要从以下五个方面做起。

第一，家庭里要以俭朴为荣。家庭要树立节约意识，以俭朴为荣，父母带头勤俭节约，反对铺张浪费，培养节俭光荣、浪费可耻的观念。每个家庭成员要充分认识到节约是一种美德，节约不仅是为了省下几个

新时代，新家风
——继承传统美德，弘扬时代风尚

钱，更重要的是节约资源，不仅利家，而且利国利民，可以说是功在当代，利在千秋。要戒除奢侈摆阔的心理，不搞攀比、不慕虚荣，不追求名牌、不要求高档，朴素生活，以节俭为荣。

第二，精打细算，勤俭持家。在家庭消费方面，要做到精打细算，不盲目消费。比如买衣服，要本着价位合适、款式合身的原则，不必太追求时尚，越是时髦的东西其实越容易过时。购买家具家电等，也应如此。穿过的衣服、用过的东西，要随季节更替注意妥善保管，延长使用寿命，这样可以减少重复消费。

第三，要节水节电，珍惜资源。家庭消费要科学、健康、文明，尽量选用节能型生活设施，节约每一粒米、每一分钱、每一滴水、每一度电。不放长流水，一水多用，家庭用水可以形成一个小小的水循环来达到节约用水的目的，比如废弃的茶水可以用来浇花，洗涮后的水可以用来冲洗便池等；节约用电，随手关灯。根据需要在不同的房间安装不同类型和不同功率的灯，尽量使用日光灯和节能灯，做到随用随开，人走灯灭，不点长明灯，尽量少用空调，用空调时温度不低于26℃；少用或不用一次性物品，如一次性筷子、一次性饭盒、一次性塑料袋等。只有从一滴水、一度电、一张纸、一粒米做起，从家庭做起，由小事入手，过"简单"生活，才能创建节约型家庭，打造节俭家风。

第四，文明用餐，节约粮食。日常生活一定要爱惜粮食、杜绝浪费。做饭时也要"量入为出"，吃多少做多少，尽量不剩不倒，减少浪费；家里买菜时要一次少买一些，吃完再买，避免浪费；教育和引导孩子吃多少盛多少，尽量做到不剩饭、不剩菜，实行"光盘行动"；要引导孩子从小树立科学的饮食养生理念，改变吃得太饱、吃得太油腻等不良的饮食习惯，达成人和食物的和谐，从寻常食物中吃出健康和营养，吃出文明的修养，吃出安全、理性、健康的生活方式。

第六章 克勤克俭，不怠不奢
——弘扬勤俭美德，谨守勤俭家风

第五，养成节俭习惯，杜绝任何浪费。从节气、节能、节水、节粮、节油等环节做起，从小事做起，吃饭时吃多少做多少，在外吃饭按需点菜、不摆阔气；吃不完的饭菜打包带回家；随手关灯、关紧水龙头……这些细小的好习惯既节约了资源，又体现了一个家庭的素质、修养和风度，长期坚持，孩子也会跟样学样，就能形成良好的节俭家风，全面杜绝浪费。

7

正确看待金钱和财富，不盲目攀比

　　一个勤俭节约、崇尚俭朴的家庭，不把金钱和财富作为追逐的目标，不会被金钱迷住眼睛，被财富扰了心神。因为一个甘于俭朴、勤奋努力、乐于奉献的人，对金钱的认识是透彻的、清楚的，懂得如何对待金钱、支配金钱，懂得如何运用金钱做真正有意义的事，绝不会把金钱当成唯一的追求，沉迷于金钱之中无法自拔，更不会为了金钱而丢弃理想、抱负、清白的人生和幸福的生活，不会因为对金钱的贪婪和无尽的追逐而失了自己的本心和本性，甚至毁灭自己。他们是金钱的主人，永远不会成为金钱的奴隶。从这个方面来说，打造勤俭的家风也是非常必要而且重要的。

　　要使家庭成员认识金钱、看淡财富，首先，要对金钱有一个正确的认识。金钱是什么？金钱就是一件物品，一个工具，一种与我们生活息息相关的资源，和水、空气、衣服、房子没有什么区别。

　　有了这样的认识，对金钱的态度就会改变。家长要教育孩子从小懂得，金钱本身是中立的，无所谓善恶，不值得唾弃、也不值得崇拜。要教育孩子从小明白，金钱绝不是万能的。金钱可以买到舒适的床，却买不到甜美的睡眠；可以买到书，却买不到智慧的头脑；可以买到美味佳肴，却买不到好胃口；可以买到豪宅，却买不到温馨的家；可以买到昂贵的化妆品，却买不到青春美貌；可以买到最好的药，却买不到健

第六章　克勤克俭，不怠不奢
——弘扬勤俭美德，谨守勤俭家风

康；可以买到奢华的生活，却买不到美德；可以买到各种娱乐，却买不到开怀一笑……无论何时都不要因为追逐金钱而错失了生命中更宝贵的东西。

其次，要杜绝攀比心理，懂得知足。攀比心理是一种不良的心理活动。这种心理不仅会驱使我们改变行为方式，还会导致心理扭曲，生嫉妒、怨恨之心，是不利于家庭幸福的不良心理。

"你看对面的李琼，她昨天买的裙子花了一千多块钱呢，我这才几百块。"拿着丈夫给自己刚买的新裙子，秦莉还埋怨着丈夫，让丈夫孔东哭笑不得。

自从搬家到这个小区后，他们很难得地和对面的一对夫妻成了好朋友，但同时，烦恼也随之而来。两家的女主人年龄相当，性格相似，很谈得来。刚开始还好，两个人一起逛街一起倾诉，但随着交往的加深，邻居家女主人爱攀比的心理越来越强，一起买衣服，挑着高价的买，装修也选高价的材料。秦莉也变得爱攀比了，衣服、首饰、吃的、用的，都和对门的邻居比着来。邻居买了一条项链，她也想要去买一条更好的；同事休年假出国旅游了，她也想出国去见识见识；同事买了一个大牌的包，她就开始留意该大牌的商品，每天回家第一件事情就是在网络上搜该品牌商品的海外代购信息；邻居家的孩子上了一家不错的幼儿园，秦莉马上张罗着要让儿子进贵族幼儿园……

秦莉的攀比，让丈夫孔东头痛不已。有些东西完全可以不买，攀比来攀比去，本来日子过得不错、平时还略有存款的家庭现在经常捉襟见肘，可秦莉还要一个劲儿地比。夫妻之间为此吵过多少次，但秦莉根本不为所动，攀比更甚。孔东苦不堪言，都有了离婚的念头了。

新时代，新家风
——继承传统美德，弘扬时代风尚

"世人纷纷说不齐，他骑骏马我骑驴。回头笑看推车汉，比上不足下有余。"看看别人，比比自己，往往就这样比出了怨恨，比出了愁闷，比出了无尽的烦恼。然而在当前社会，攀比风气却极为普遍，家庭之间比，比来比去不仅会拉高家庭开支，还会影响家庭之间的关系；孩子之间也比，比来比去导致孩子心理扭曲，变得虚荣浮华、自私自利、贪心，成为金钱的奴隶，害人、害己、害家庭。

现在校园里都会有攀比的孩子，攀比成风，看谁的衣服是名牌，看谁的铅笔盒高档，看谁带的钱多，花钱大方等。有的孩子则比家庭条件，比谁家的房子大、装修档次高，父母当的官大、钱多、车子好，家中生活用品高档等。还有的孩子比外表长相，比荣誉，比谁受老师的喜欢等。这种攀比心理最不利于孩子的健康成长，容易导致孩子养成浪费、挥霍、大手大脚的坏习惯，同时还会破坏原有的幸福感，影响家庭的幸福，扰乱对金钱的正确理解，还会让人生贪婪心，使欲望无尽，贪心无底，最终毁灭自己。

曾发生过一起这样的案件。16岁女孩小雯要求母亲给买最新出产的手机，母亲不同意，母女之间发生争执，进而相互打斗，母亲不堪女儿辱骂失手将女儿捂死。小雯是家里唯一的孩子，父母收入都不高，但一直都尽量满足女儿。小雯上初中后，就开始和同学攀比，比吃穿打扮，比手机，比追星，生活费直线上升，父母已经难以承担。小雯还经常因为父母给钱太少而辱骂父母，而案发时母亲手里仅剩几千元，根本买不了最新的手机。

这样的惨案让人触目惊心，也让人心生畏惧。攀比之心，最终只会让人心理扭曲，失却人性。盲目地跟风攀比，只会让孩子变得虚荣、

第六章　克勤克俭，不怠不奢
——弘扬勤俭美德，谨守勤俭家风

浮华、不知足；只会让孩子变得自私自利、贪心不足，助长孩子的虚荣心及奢侈浪费的生活习惯，使孩子的消费观念和消费行为走进误区，发展下去将容易导致违法犯罪行为。杜绝攀比对于家庭幸福和引导孩子的正确金钱观念都非常重要。家长一定要重视起来，在生活中减少攀比，懂得知足，才能获得真正的幸福。

最后，培养孩子正确的金钱观。每个人都不会拥有所有想要得到的东西，也不会拥有别人所拥有的全部东西，盲目的攀比让他们看不到自己所拥有的，只去关注别人有而自己没有的，这样的结果就是一味地去追求，最终弄得自己疲惫不堪。正确的金钱观才能使孩子养成俭朴的习惯，不把追逐金钱作为自己的目的。那么如何才能给孩子树立正确的金钱观呢？

一是平常多关注孩子的花钱习惯。如果孩子把好不容易攒下来的零花钱、压岁钱全部用于购买玩具，对于这种行为，父母不应该去阻止购买，但不要马上又给孩子零花钱，要他们自己吸取教训，明白乱花钱的后果，明白金钱一旦用光就不再有的道理，养成良好的用钱习惯。

二是教会孩子存钱。对于孩子想要的东西，父母不应该说买就买，而是让孩子利用自己存的钱购买。教会孩子定期存钱，随着金钱的不断增多也能调动其存钱的积极性。

三是教会孩子赚钱。父母在家里可以给孩子设立一些帮忙做家务就给零花钱的制度，每月设定一个工资日，按月结算，如此一来，孩子通过劳动赚钱就能认识到金钱的来之不易，如果偶尔再发些奖金的话，还能进一步增加其工作干劲。

四是引导理性消费，不盲目攀比，更不挥霍浪费。要让孩子明白挥霍浪费是一种犯罪，用不着的东西或是过于昂贵的东西不要轻易购买。要量入为出，有多少钱就做多少事，不能虚荣攀比。

新时代，新家风
——继承传统美德，弘扬时代风尚

五是引导孩子设定自己的存钱目标。孩子存钱多半会想要花掉。一旦孩子有了自己的存钱罐或是账户之后，就可以开始跟孩子讨论如何运用金钱。首先应该教导孩子认识需要的东西跟想要的东西有何不同，然后让孩子写下想要的东西以及何时想要得到。比如说，暑假结束前想要一个望远镜，或是明年年底前想要一辆脚踏车等。这样的练习能够让孩子有个明确的存钱目标。

总之，要塑造勤俭节约的家风，一定要杜绝孩子的攀比心，从小引导孩子树立正确的金钱观，让其正确看待财富和金钱，既不为金钱奴役，又不鄙弃金钱，会赚钱，更会花钱，把钱用在最该用的地方，而不是盲目攀比、爱慕虚荣，把金钱作为装点脸面的工具。为了面子大肆挥霍，浪费金钱，是不可能有勤俭节约的好品性的。

第七章 治家以严，居家以和

弘扬和睦美德，建设和谐家风

"修身齐家治国平天下"——这是传统儒家追求的终极理想。修身是基础，齐家是前提，只有在自己道德修养达到一定的高度，把家庭治理得和睦有序之后，才能"治国平天下"，故而严谨的家风、和美的家庭对于一个人的成才和成功影响巨大。"家和万事兴"，一个上下有序、里外有别、家规严谨、家教严厉的家庭，必定上慈下孝、夫妻和睦、兄友弟恭，其乐融融。因此，治家要严，严才能秩序井然，上下有序；居家时要和，和才能父慈子孝，和乐幸福。

第七章　治家以严，居家以和
——弘扬和睦美德，建设和谐家风

1

治家以严，赏罚有度

严格治家，是中国文化的优良传统，是中国家风的一个特色。纵观中国古代留下来的许多著名家训、家规，就可以看出古人治家如治国一般严厉。

宋史记载，宋代霍滔的《霍渭崖家训》明文规定："子孙有过，俱于朔望告于祠堂，鸣鼓罚罪，初犯十板，再犯责二十，三犯三十。"而同样生活在宋代的陈旭家更是家法森严，犹如官府一般严整。《宋史·陈兢传》载"（陈）防家宗族千余口，世守家法，孝谨不衰，阃门之内，肃于公府"。还有《渑水燕谈录》上载的："郓州须城县杨村民张诚者，其家自绾至诚六代同居，凡一百一十七口，内外无闲言，衣裳无常主。旦日，家长坐堂上，率子弟而分职事，罔不祗勤。"

《燕翼诒谋录》卷四中也有同样的记载："会稽民裘承询，同居十九世……族人虽异居，同在一村中，世推一人为长，有事取决，则坐于厅事。有竹算亦世相授矣，族长欲挞有罪者则用之。"在家规、家法的教育和管束之下，家庭俨如公府衙门。一般的大家庭或家族都家规严格，家法严厉，如有违反，绝不会轻饶。

家法严厉几乎是中国古代家教的共同特征，可见古人治家，是相

新时代，新家风
——继承传统美德，弘扬时代风尚

当严厉的。"国有国法，家有家规"，国法和家规在古人眼中有一样的地位。我们在电影中常常会看到古代家族子弟有行为不端者，家长就会请出家法来惩罚。在古代，这是每一个家庭都常见的场景。

现代家庭讲究民主和谐，讲究平等自由。不管是父母还是家族长辈，都不可对家庭成员有过多的干涉和约束。但这并不是说现代就没有家教，没有家规，也没有家法了。只要有家庭教育，就不可能没有家规、家法，"不以规矩，不能成方圆"，没有家规、家法，如何能治理家庭、教育好子孙？

现代家庭，大多是三口或四口之家，加之现代家庭追求和谐亲密的亲子关系更甚于规矩，家规、家法远不如古代严格。有些家庭甚至完全没有规矩，子女可直呼父母之名，父母对孩子极尽娇宠，全无严厉，也给当代教育带来一些困惑和难题。很多问题子女出自娇宠家庭，相反，那些卓有成就的孩子恰恰来自于家规严厉的家庭，故而从子女教育的角度来看，严格一点还是有好处的。一个家庭要是没规没矩，没奖励没惩罚，自由任性，看似民主，实则散漫，没有丝毫凝聚力，这对于孩子成长和家风塑造都没有什么好处。

现代家庭严格治家，并不是要求像虎妈狼爸那样制定严格到一般人接受不了的家规，更不是像他们那样天天棍棒教子、打骂成才，现代家庭教育孩子的严，严在执行规矩要严和赏罚要严上。

颜之推在《颜氏家训·治家篇》中特别强调在一个家庭的管理中赏罚分明的重要性。他说："笞怒废于家，则竖子之过立见；刑罚不中，则民无所措手足。治家之宽猛，亦犹国焉。"意思是说家庭中如果不用鞭挞和怒喝，小孩子的过错马上就显露出来；就像一个国家的刑罚若使用不当，人民也就不知所措了。当然，执行规矩的宽厚和严厉，就像治理国家一样，要有一定的限度。一个国家需要用法治和奖励来树立和调

第七章　治家以严，居家以和
——弘扬和睦美德，建设和谐家风

动民众的敬畏心和积极性，一个家庭也需要有奖罚措施。奖罚分明，既可鞭挞顽逆，又可树立正气，使孩子觉得有规可循，有德可依。但惩罚也要有度，不能经常惩罚孩子，孩子被打骂惯了会习以为常，不把惩罚当回事，俗话讲叫"打疲了"，反倒失去了惩罚的意义。

　　相比惩罚，奖励的意义更大。教育孩子有一个"南风法则"，意思是像和煦的春风那样感化孩子。"南风法则"又叫"温暖法则"，是法国作家拉封丹写的一则寓言故事：北风和南风比赛，看谁先脱掉人们身上的大衣。北风用力猛吹，想把大衣吹掉，谁知大风让人们的大衣越裹越紧；南风则轻轻吹拂，温暖柔和，人们走着走着就渐渐脱掉了大衣，最终南风获胜。因此，温柔的关怀胜过严厉的批评。对于孩子的优点，哪怕很不起眼，也要随时发现，适当给予表扬和奖励。有时候，精神奖励比物质奖励更重要。适时的一句好话，一个抚摸，一个微笑，一个点头，对孩子的激励都很大。对孩子赏罚分明，孩子自然善恶立辨，积极进取。

2 居家以和，家和万事兴

中国古代以"和"为最高的价值，"和"是中国传统文化的内在精神。中国传统文化中有着非常丰富的关于和谐、和合、和睦、平和的思想观念。

孔子弟子有若说："礼之用，和为贵。先王之道，斯为美，小大由之。"孔子亦说："君子和而不同，小人同而不和。"孟子提出"人和"，他说："天时不如地利，地利不如人和。"老子亦讲"和"，《老子·四十二章》中说："万物负阴而抱阳，冲气以为和。"《老子·五十五章》中说："知和曰常，知常曰明。"肯定了"和"的重要性。

"和"也是最重要的齐家之道。古人强调修身齐家治国平天下的统一，把齐家与修身、治国、平天下提到同等重要的地位。《礼记·大学》中记载："家齐而后国治。"家齐是国治的基础，故而古人相当重视家教家风的建设。俗话说："家和万事兴。"意思是家庭和睦、家风和谐，家庭就能兴旺发达，繁荣昌盛。和，即为和谐、和睦，是一家门风最好的状态；家庭的和谐、稳定是家族兴衰的根本。因此，古人在教诫子孙后代时，都将维护家庭和谐、和睦作为重中之重。"整齐门内，提撕子孙"，讲究夫贤妻顺、父慈子孝、兄友弟恭，塑造和谐家庭。

第七章　治家以严，居家以和
——弘扬和睦美德，建设和谐家风

这样的"和家观"，到今天也一样是家庭和谐的重要内容。和谐的家庭大体上是相同的——尊老爱幼、男女平等、夫妻和睦、勤俭持家。家庭和谐可以化解家庭的内部矛盾，避免将其家庭矛盾激化和推向社会，成为社会不稳定的因素。家庭和谐还可以使得家庭成员在家庭生活中得以缓解社会压力、疏导社会矛盾，避免某些社会矛盾进一步激化。

不和谐的家庭却各有各的不幸：夫妻离异、婚外恋、遗弃老人、虐待孩子，甚至家庭暴力的悲剧时有发生；家庭成员的义务感、责任感有所淡化；邻里关系趋向冷淡和陌生等。过去既有的问题和新时期家庭伦理道德出现的新问题，为一些家庭蒙上了阴影，也给社会稳定带来不可忽视的严重危害。

以青少年犯罪为例，从犯罪学的角度看，青少年的犯罪都与其家庭环境有着密切的关系，即与家庭结构、家庭教育、家庭气氛、家庭成员等密切相关。一个家庭没有夫贤妻顺的恩爱、没有父慈子孝的亲情、没有兄友弟恭的规矩，就难以和谐，就会出问题。

小雨父母感情不和，在他很小的时候就天天吵闹，给小雨留下了很深的阴影，没有安全感，天天生活在恐惧之中。11岁时父母离异，他跟随父亲生活。父亲脾气不好，遇到不顺心的事就拿他出气。由于缺少家庭爱抚和管教，他逐渐对社会产生怨恨，养成了桀骜不驯的性格，初中毕业后就进入社会，打架斗殴、坑蒙拐骗的事情都做，最终致人重伤，进了监狱。

小军，本来是一个很老实的孩子，但因其父亲平时游手好闲，行为放纵，经常打牌赌博，导致家庭不和，夫妻经常打架，甚至当着孩子的面大打出手、毫不躲避。久而久之，小峰对家庭彻底失望，学习受到很大的影响，性格大大改变，开始逃学、小偷小摸，并开始学着父亲赌博。小小年纪欠下巨额赌债，只好沦为黑社会的打手，后来因抢劫犯罪进了监狱。

正如古人所言："养不教，父之过。"问题家庭出问题少年，这些问题少年最终给家庭带来了巨大的伤害。

一个家庭结构是否稳定，夫妻之间是否和谐，直接影响到孩子的身心发展，就算孩子能从父亲或母亲那里得到各种关爱，可是在扭曲的夫妻关系下，孩子几乎不会认可这种单边的"爱"。所以，夫妻关系不和或已离异，其孩子可能会由于安全感不足而影响心理健康，其情商、修养、行为都会产生问题，有的还会有暴力倾向、攻击性行为，极不利于孩子的成长。和谐的夫妻关系能够教会孩子如何与他人互动，孩子自然知道分歧如何解决，问题如何进行协商以及在保证自己利益的前提下如何做决定。

孩子未来对爱情、婚姻、家庭的认识和处理方式，大多来自于对父母关系日复一日地观察和无意识模仿，所以，良好的夫妻关系事关到孩子的健康成长与人格的塑造，也为孩子将来的婚姻关系奠定基调。孩子是爱情的结晶，父母情感和谐、婚姻幸福，是孩子成长最好的教育环境。如果夫妻关系不和，家长的某些情绪与行为就会直接影响对孩子的教育和评价方式。这也给孩子提供了一个产生攻击性行为或冷战的坏榜样，同时也对孩子进行了错误的人际交往训练，使孩子误以为冷战、吵架、谩骂乃至打架都是解决冲突的办法。孩子长期生活在不和睦的家庭中，缺乏安全感、归属感，会因压力过大而心理失衡，容易产生一系列不良心理，如被抛弃感、自卑感、报复心理、仇恨心理，产生猜疑和不信任等，长大后也会受这种不良心理的影响而难以获得幸福。家不和，不仅万事不兴，也会儿女不幸。因为家庭不和，人心离散，"各烤各的火，各扒各的窝"，因此家庭没有凝聚力，也没有亲和力，家庭成员之间互不关心、感情淡漠。心不往一处想，劲不往一处使，你做你的，我做我的，怎么可能使家庭兴旺呢？

家和，则万事兴。当一个家庭的所有成员有着共同的观念、情感、情绪、欲求、目标、态度时，这个家庭的人际关系就会非常融洽，家庭生活就会非常地幸福。大家心往一处想，劲往一处使，互相关爱、互相依靠、互相帮助，对家庭有共同的依赖，因而在情感体验上往往更能体味家庭温暖，也更能培养出家族的共有心境和心态，更加珍惜家庭的和谐，做起事来就会更加用心、用力。齐心协力、团结和睦，这个家哪有不兴旺的道理？

古也好，今也好，和睦都是兴家旺家的根本。家庭是否和谐，关系到每个家庭成员的幸福，关系到每个家庭的稳定和积极功能的充分发挥，进而关系到整个社会的健康、稳定。不妨在提高家庭质量方面，经常做好不起眼的"小事"，如经常组织一些家庭活动，在共同的活动中，相互联系，促进关系，互相理解又能互相制约，最后形成共有的家庭心理。如此一来，家人们就能在一起分享各种成功，在一起享受天伦之乐，融洽和睦的家风也就形成了。

新时代，新家风
——继承传统美德，弘扬时代风尚

3

夫妻恩爱是家庭和谐的主旋律

  夫妻关系是家庭关系的核心。一个家庭是否和谐，关键在于夫妻。在家庭规模越来越小的今天，夫妻关系对家庭和谐的影响更加突出。可以说，夫妻关系直接决定家庭是否和谐。夫妻间的温馨生活，不但有助婚姻关系调和，夫妇情感与日俱增，而且可以作为子女们的典范，让他们学习怎样建立健康和紧密的人际关系。无尽恩爱的夫妇，将带给对方和家人无尽的动力和欢乐。夫妻间的恩爱就是和谐家庭的主旋律。夫妻恩爱的家庭，一般都是和谐温暖的。

  明霞是社区有名的好媳妇，既能干，又贤惠，对父母双亲孝顺和气，对孩子关怀备至，与丈夫更是恩爱如蜜。她的贤惠使一个三代同堂的传统之家融洽和睦，让人羡慕。特别是他们夫妻间的伉俪情深、琴瑟和鸣，最让人羡慕，也是这个家庭和睦融洽最坚实的基础。

  互敬互爱是家庭和睦的基础，是家庭幸福的源泉。明霞夫妇在生活中相互照顾、相互信任，闲暇时间常在家里召开家庭小会议，相互交流、取长补短，遇到困惑相互开导、相互帮助。遇到不懂的事情就向两位老人请教，听取老人的意见。虽然这些都是平凡的小事，不足挂齿，但却像催化剂使他们的感情日益融洽，家庭和睦、快乐。许多人问明霞："为什么你的家庭如此融洽？"她说："只要互相站在对方的角度来看待

第七章　治家以严，居家以和
——弘扬和睦美德，建设和谐家风

事物、思考问题，那就没有什么事情是解决不了的。"在他们这个家庭里，虽然各人的性格、文化程度、志趣等不同，但是家庭中很少出现矛盾冲突，大家能互相体谅、尊老爱幼、民主平等、宽容谦让，形成了互相理解、尊重、平等、关爱的和谐家风。

没有和谐的夫妻关系，就很难有和谐的家庭关系。夫妻关系是家庭的核心。所以建设和谐家风，夫妻和谐相处、恩爱甜蜜，是最重要的基础和前提。那么，夫妻如何相处才能和谐，就是建设和谐家庭首先需要考虑的问题。

很显然，夫妻之间相处要相互理解、信任、尊重、宽容。周恩来和邓颖超夫妇提出的"八互"可以说是夫妻相处的"金钥匙"，这"八互"就是互爱、互敬、互勉、互慰、互让、互谅、互助、互学。

1. 互爱

夫妻之间要互相关心、互相爱护、互相体贴、嘘寒问暖，才能增进感情，恩爱甜蜜。"十年修得同船渡，百年修得共枕眠。"夫妻走到一起不容易，能走到一起的一定有缘、有爱。要是你不理我，我不管你，从家外面回来，不闻不问，出差在外，也不打电话问一问，这样的夫妻关系，怎么也说不上和谐。

2. 互敬

夫妻之间生活在一起，要学会互相尊重，每个人都有自己的长处和不足，夫妻间虽然密不可分，但也要互相尊重。丈夫如果很优秀、很能干，在外面可以叱咤风云，那么在家和妻子一定是平等的，尊重自己的妻子；同样，妻子漂亮能干，在家也不要趾高气扬、跋扈行事，在家里和丈夫是平等的。夫妻双方都多看对方的长处，互相尊重，才能和睦相处，才会相亲相爱。

3. 互勉

夫妻婚后不要仅限于小家庭生活，而要走向更广阔的社会天地，不可放弃学习、工作和事业。只要爱情不要事业，这样是庸俗的；只要事业不要爱情，则失去了应有的人生乐趣。在事业上相互帮助和支持、互相勉励、共同进步、共同成长，更有利于夫妻间的和睦和幸福。

4. 互慰

夫妻之间要互相理解，互相鼓励和安慰，当对方在事业上、工作上不顺利的时候，不要冷嘲热讽、唠叨指责，而应当给他鼓励和安慰，夫妻之间要像朋友一样，既是倾听者，又是安慰者，能促膝谈心、敞开心扉、真诚交流、相互理解，做知心的爱人，不做漠不关心的搭伴夫妻。当一方的心情和身体不佳的时候，内心深处是渴望得到爱人的关爱的，当丈夫不顺心、烦恼的时候，妻子就应该像他的红颜知己一样，听他诉说衷肠、倾诉真情，给他心灵上真正的关爱，让他感到世界上有你做他的妻子是件很幸福的事。丈夫对妻子的关爱也同样如此，让彼此感到家是温暖的港湾。

5. 互让

夫妻之间有矛盾很正常，哪对夫妻没有矛盾呢？怎么解决矛盾才是重要的。这就需要夫妻互相礼让，不必事事想着占上风、争赢头。家庭是讲爱的地方，不是讲理的地方。有时候有理也要让一让，这样更有利于爱的升温。如果处处争上风，夫妻只会吵架，难有和谐，因小失大，就得不偿失了。

6. 互谅

一位哲人说过："再幸福的婚姻都会有 100 次离婚的念头和 50 次掐死对方的冲动。当然，幸福的秘诀在于——第 101 次的握手言和以及第 51 次的原谅。"夫妻生活在一起难免有磕磕碰碰，难免有不顺心、不快乐的事，要学会谅解，有宽容之心。试想，面对这个世界上最亲密的人，还有什么不能原谅和宽容呢？用真诚换真心，用真情换幸福，夫妻之间有什么事不要藏着掖着，如果希望牵手到白头，那就真诚地对待对方，让真情永存。

7.互助

夫妻本是一体，互帮互助原本就是夫妻间的义务和责任。你有事我不管，我有事你不理，这样的夫妻怎么可能会有深感情？互帮互助，不分你我，才能让感情升温，保持恩爱。

8.互学

既然相爱，走入了"围城"，就要把这"围城"变成温馨和温暖的港湾，互相信任，绝不猜疑。夫妻之间都给对方一些空间，丈夫在外边应酬和交际，妻子别捕风捉影，猜疑他对自己不忠；妻子和同事或者朋友偶尔聚聚，聊聊天叙叙家常，丈夫也别猜三想四。互相信任，才会使夫妻之间的感情笃深，才会相亲相爱、和和睦睦地过日子。

夫妻和谐，家庭就有了和谐的最稳定的基础。所以打造和谐家庭，一定要从夫妻关系开始，做一对恩爱和谐的夫妻。

4

珍视兄弟姐妹手足亲情

世界上亲人之间相处最长久的要数兄弟姐妹，从小到老一辈子都血缘不断、亲情不变，相处时间超过了夫妻的相处时间，也超过了父母和子女之间。一个家庭能否和谐幸福，兄弟姐妹的关系也占据着举足轻重的地位。兄弟姐妹间互相体贴关心、互相帮助，长爱幼、幼尊长，产生矛盾时互谅互让，家庭必然和谐。生活在这样的家庭环境中，必然觉得心情舒畅、十分幸福。然而，兄弟姐妹天天相处，不出现矛盾和纠纷是不可能的。和睦家庭的兄弟姐妹总是能以爱心轻松化解这些矛盾，兄友弟恭、姐疼妹爱，保持手足亲情不变味。

"卧冰求鲤"故事中的孝子王祥，还有一个弟弟叫王览，两人同父异母，但从小就很友爱。继母生了王览，不喜欢王祥，总指使王祥干许多力所不及的重活，每当这个时候，王览就去和哥哥一起干活，逼迫母亲停止对王祥的无理要求。

有一次，继母将毒药放到酒里想毒死王祥，王览看出了酒有问题，赶紧到哥哥房里夺回毒酒，王祥也看出了酒有问题，不忍弟弟受累，又把酒抢了回来。继母一看，吓坏了，只好把酒夺回去倒掉。王览怕母亲再下毒害哥哥王祥，从此以后，每逢吃饭，都会过来和哥哥一起吃。继母这才不敢害王祥了。弟兄俩始终亲密友爱，为当时人们所称赞。

第七章　治家以严，居家以和
——弘扬和睦美德，建设和谐家风

在中国历史上，也有一些不顾手足情、不珍视兄弟缘分，为了私利而把自己的兄弟看作不共戴天的敌人，甚至欲置其于死地。这样的家庭大多人心离散、各怀心思、难以和谐，只会受到人们的谴责和鄙视。三国时期曹植作《七步诗》的故事，就写出了兄弟相残的辛酸之泪。现今社会之中，曹丕这种人大有人在，兄弟阋墙、姐妹争斗，导致家庭不和、家族分裂。某些人为了争夺财产不惜与兄妹翻脸闹上法庭，或兄弟之间为了某点小利益各不相让，甚至大打出手。也许财产争夺到了手中，但那份美好的人伦之情却被破坏殆尽，这其实是多少财产也补不回来的。

兄弟姐妹要和睦相处，就要懂得珍视这份手足之情，今生能做手足是最大的缘分，兄弟姐妹之间，有什么不能容忍的呢？

一要相互谦让。兄弟姐妹之间矛盾的激化，从时间上来说，大多发生在各自成婚之后。婚前，兄弟姐妹们围绕着"父母"这个家庭中心，各方面的利益基本一致，而且深爱父母的共同心态使大家自然亲密；婚后，大家各为各家，利益的中心发生了转移，感情虽深，但是骨肉之情也不免衰落了很多，容易出现矛盾。在这些情况下，兄弟姐妹之间的谦让十分必要。小的时候，我们可能因为读过"孔融让梨"的故事会将一个梨子、一粒糖果让给自己的兄弟姐妹吃。为什么我们不能保持着这种谦让的精神，在十年、二十年、一辈子之中都对手足之情持这种谦让之态呢？兄弟姐妹之间，若见利不争、见害不避，必然一团和气、亲密无间。

二要相互帮助。兄弟姐妹在智力、体力方面，仍会有差异，在未来的成就上也有所不同。有的富贵，有的贫贱，总需互相帮助与扶持。朱柏庐《朱子治家格言》说的"兄弟叔侄，须分多润寡"，就是这个意思。兄弟姐妹能互相帮助，就能互相合作，故而俗话说："兄弟同心，其利

新时代，新家风
——继承传统美德，弘扬时代风尚

断金""打虎亲兄弟，上阵父子兵"。

三要互相关爱。在家庭里，哥哥姐姐应爱护弟弟妹妹，关心弟弟妹妹们的思想、学习和生活。当弟弟妹妹有了错误时，不要在父母面前斥责他们，以免伤害他们的自尊心，更不能经常在父母面前"告状"，而引起他们的反感。如发生矛盾，一般以当"和事佬"为宜，切不可偏听、偏信、偏袒任何一方，以免加深矛盾。长大成家后，兄弟姐妹分住，则须经常聚一聚、谈一谈，多走动、多亲近，增进彼此感情。

四要相互劝善规过，进德修业。兄弟姐妹间有手足之情，相互影响很大，凡事最好商量，最易合作共事。但不可狼狈为奸，互陷于不义，切不可同流合污。

总之，今生能做兄弟姐妹，是上苍赐给每个人的缘分，请珍惜这份愈来愈珍贵的情分吧！兄弟姐妹血脉相同，生于同根，长于一屋，这种江海深情是其他任何关系也无法代替的。兄弟姐妹和睦团结，家庭当然也会亲情暖暖、爱意融融、和和美美、幸福无尽。

第七章 治家以严，居家以和
——弘扬和睦美德，建设和谐家风

5

邻里相处宽厚大度，互帮互助

和睦的家庭不仅家庭内部和睦幸福，与亲朋邻里之间，也是亲切和睦、和谐友好的。俗话说："远亲不如近邻"。邻居"近在咫尺"，邻居的适时帮助、体贴照顾，最能解燃眉之急，故而邻里关系有时比亲戚关系更重要。再说邻里之间，抬头不见低头见，总是在一起，如果关系不好，不团结，有矛盾，势必影响心情，也影响家庭气氛。

邻里相处最重要的就是宽厚善良，互相体谅；最忌讳的就是仗势欺人，争来斗去。争来斗去只会让邻里关系变僵，也使厚道家风变味。邻里有纠葛、有矛盾，是正常的，处理这样的矛盾一定要心怀善意，宽厚大度。亲善邻里，互帮互助，互尊互敬，不过于计较一时之得，而与邻居之间互谦互让，更能加深邻里和睦，促进关系和谐。

清代有个"六尺巷"的故事，说的是在康熙年间，当朝宰相张英的家人打算扩大府宅，便让邻居叶侍郎家让出三尺地面。叶家也不好惹，不买张家的账。张英的夫人就写信到京城让张英出面干涉，张英对家人倚官欺人的做法很不满意，写了一首诗回答夫人："千里家书只为墙，让他三尺又何妨？万里长城今犹在，不见当年秦始皇。"

夫人看了张英的信后，很惭愧，按张英的意思命家人后退了三尺筑墙。叶家听说这件事后，也很感动，也将院墙后退三尺。结果，在张、

新时代，新家风
——继承传统美德，弘扬时代风尚

叶两家之间让出一条方便乡邻的六尺小巷。于是，就有市井歌谣云："争一争，行不通，让一让，六尺巷。"

这就是邻居相处宽厚谦让而传下的佳话。古语有云："塞翁失马，焉知非福？"在争夺小利小惠时，难免伤了邻居和气，何不保持宽厚大度，多站在对方的立场上，多为对方想一想？邻里矛盾都会消除，大家相处都会融洽和睦。"六尺巷"的故事能传扬至今，不正好说明了这一道理吗？

邻里友好、互帮互助也是自古传下的传统。《诗经》里"凡民有丧，匍匐救之"的诗句，描述了一位普通妇女在邻里遭遇凶祸时尽力救助的动人情景。居家过日子，总有出现困难的时候，这时大家必须互相帮助，才能渡过难关。

现实生活中，有许多人的行事原则是"各家自扫门前雪，莫管他人瓦上霜"。这样一来，既不得罪别人，也把自己的事处理得井井有条。可是，既然自己有余力，何不多扫几处雪？在把握邻里关系时，这是很重要的一点。人们都希望在自己困难时，有人伸出援助的手，在邻里之间，也同样需要有这样的互助意识，从而才能融洽邻里关系。

唐代诗人杜甫，因安史之乱避难四川，住在成都一处草堂里。草堂前有几棵枣树，每到秋天果实累累。这时他的邻居——一个孤寡的老妇人就会来摘枣吃，杜甫见她孤弱，极为同情，告诫家人不要阻拦，任由她采摘就是。后来杜甫搬家去了别处，便把这里的房子让给了一个姓吴的亲戚居住。这个亲戚来了以后就围上篱笆，以防老妇人来打枣。杜甫得知此事之后写了一首诗委婉规劝他的亲戚不要这样做，这便是那首著名的七律诗《又呈吴郎》：

第七章　治家以严，居家以和
——弘扬和睦美德，建设和谐家风

"堂前扑枣任西邻，无食无儿一妇人。

不为困穷宁有此，只缘恐惧转须亲。

即防远客虽多事，便插疏篱却甚真。

已诉征求贫到骨，正思戎马泪盈巾。"

杜甫以诗劝导亲戚不要这样冷漠，邻居老妇无食无儿、老无依靠，若不是穷困潦倒，怎么会来摘枣吃呢？从这首诗，我们不仅看到了杜甫对穷苦邻居的关心体贴，也看到了中华民族邻里和睦的美德，当然也可以看出杜甫家厚道善良的家风。

互帮互助，原本就是中华传统美德，也是邻里相处之道。特别是在如今钢筋水泥的建筑中，有一个好邻居，如同自己多了一个良师益友。好的邻里关系，更会让自己受益无穷。

邻里之间互相帮助，才能让自己从中受益，这点人们并不难理解，但是仅仅有这种意识远远不够，必须将意识与行动相结合，落实到行动上。看到邻家有困难，不必犹豫，尽己所能给予支持和帮助，等到自己有难关时，别人自然也会伸出援手。比如，邻居工作和学习很忙，时间比较紧，或家中人手少，有孩子拖累，我们方便时不妨帮着搭把手；邻居有客人来访，碰巧家中无人，在弄清对方身份的前提下，我们或请客人留张纸条，或将客人引入自己家中稍候；邻居若是全家出了远门，我们也可帮助照看邻居家里，义务为邻居防火防盗；邻居家里吵架生气，或遇到烦恼、伤心的事求助于我们时，不应袖手旁观，应主动去劝解和开导；邻居如果发生了突发性困难，我们在钱粮和物品方面应主动帮助，以济邻居一时之难……这些都是增进邻里感情、促进邻里和睦的事情，当自己认真去做了，自己遇到困难时，大家也会用心来帮助自己，一来一往，和睦的邻里关系自然产生了。

新时代，新家风
——继承传统美德，弘扬时代风尚

6 教育子女忌打骂，棍棒下面出不了孝子

除了言传身教，监督和惩戒也是家教的重要内容以及家风传承和延续的重要方法。古人对于惩戒的作用是非常重视的，提倡"棍棒底下出孝子"。特别是对于儿孙的教育，古人讲究从小开始，严加管教，"小树不修不直溜"。很多大家族还有专门的惩戒条律和规矩，以匡正错误的言行，确保儿孙健康成长。

明代姚舜牧的《药言》就记载："而长幼尊卑聚会时，又互相规诲，各求无忝于贤者之后，是为真清白耳。"家族中人聚会时，开展批评与自我批评，目的是为了不玷污祖宗的好名声，真正培育清白的家风。

还有前面我们讲过的浙江大族郑家，在《郑氏规范》中专门规定，家族中设立《劝惩簿》，每月将家族众人之功过记载于簿上，以惩恶扬善、扶扬正气。并且专门造木牌两块，一块刻"劝"字，一块刻"惩"字，下面空出来，用纸写上何人有功，何人有过失，将纸分别贴入"劝""惩"牌下方，在家族会拜之处悬挂三天，以示赏罚。这样的规定让家族子弟都会自觉自律，严格遵守家族规范，不越规不逾矩，形成良好的道德风尚。

小惩大戒，我们大概都记得小时候做了错事时被父母打得最厉害

或是管教得最严厉的一次，并肯定此生再也不会犯同样的错误了。可见惩戒的作用还是很大的。

棍棒下面出不了孝子，教育要因人而异、以爱为主，引导和启发孩子向着我们希望的方向发展，而不是以棍棒强迫他们朝着这个方向发展。当然每个家庭的情况不一样，每个孩子的性格不一样，教育的方式肯定也会不一样。有的孩子要严苛一些，有的孩子却需要以爱和鼓励为主，家长要因人而异。

我们不提倡在家教中打骂孩子，提倡尊重孩子的人格和人权，但孩子真正做了错事，适当的惩戒还是必要的，这会让孩子从小就明白，这样做不对，需要改正。凡事放任自由、不管不问、娇惯宠溺，更不会出孝子，只会出逆子，这也是我们在教育孩子时要特别注意的。

新时代，新家风
——继承传统美德，弘扬时代风尚

7 成为孩子的知心朋友

给孩子一个温馨、快乐、和谐、安宁、充满爱与关怀的家庭环境，对于孩子的成长无疑至关重要。一个美满、和谐、幸福的家庭给予孩子的爱、关怀和温情，是任何金钱都比不上的。

爱是生命中最好的养料。父母对孩子的态度是十分重要的，不管时代如何变化，把握一条，即"我永远爱孩子，理解孩子，尊重孩子，与孩子一起成长"，就能成为孩子的知心朋友。多给孩子一点自信和勇气，多给孩子一点支持和鼓励，父母就会成为孩子的精神力量之源。

一个孩子说："父母是权威的象征，使人不敢冒犯，他们常常拿'大人的事，小孩子别管'来回绝我，拿'没大没小''没分寸'等话语压制我。当我真诚地提出要和他们做朋友时，他们感觉这好像是'天方夜谭'，不可思议。"

孩子需要朋友，大人也需要朋友，为什么父母不能与自己的孩子成为朋友呢？父母在家庭中的角色不是裁判，不是警察，而应该是与孩子共同成长的朋友。

父母尝试与孩子做朋友，其实并不困难，只要能够满足孩子希望得到平等尊重的愿望就可以了。孩子希望父母把自己当成朋友，平等对待，相互尊重。

努力给孩子营造一个宽松的家庭环境。不要以长辈的身份"审问"

第七章　治家以严，居家以和
——弘扬和睦美德，建设和谐家风

孩子，应该以朋友的身份理解孩子，耐心倾听孩子的想法，然后以朋友的身份商量解决问题的方法，给孩子营造一个平等、民主、宽松的成长氛围。

不在众人面前批评孩子。孩子在成长的过程中，会有自己的烦恼和困惑。每个孩子都会犯错，他们犯错后向父母隐瞒，是为了逃避责骂和惩罚。面对孩子显而易见的谎言，父母不管有多愤怒，都要控制自己的情绪，信任孩子，不要直截了当地揭露孩子，要采取孩子能接受的方式教育他。孩子自尊心都很强，当孩子有缺点的时候，如果在外人面前进行训斥，不但会给孩子的心灵带来创伤，而且容易造成逆反心理，反而不利于孩子改正缺点。

与孩子培养共同的爱好。培养与孩子共同的兴趣和爱好，是与孩子进一步沟通、拉近距离的催化剂。孩子喜欢足球、喜欢某个明星，父母在与孩子谈论某场球赛、某个明星的过程中，可以给孩子拓展一些做人的道理，相信一定会潜移默化地对孩子产生影响。只有这样，孩子才会毫无顾忌地和父母高谈阔论，父母就不会为和孩子"没话题"而苦恼了。

经常鼓励表扬孩子。对孩子的表扬，会让孩子在心理上认为父母与他是同一线上的，是对他的认同，孩子的心情都会愉悦起来，从而增加自信心。经常表扬孩子，特别是当着众人的面表扬自己的孩子，会给孩子莫大的鼓舞。停止唠叨不休，多给孩子一些鼓舞，孩子一定会在父母赞扬声中逐渐成熟与进步。

尊重孩子的隐私。孩子虽小，但也有自己的思想，请允许孩子在内心深处留有自己独立的空间，给孩子一个属于自己的小天地，让他们保留自己的小秘密。只有父母充分尊重孩子的隐私，孩子才会感觉自己的父母善解人意，同时也会向父母敞开心扉。

新时代，新家风
——继承传统美德，弘扬时代风尚

充分理解信任孩子。别总把孩子看成什么也不懂的小朋友。随着年龄和阅历的不断增长，孩子的世界观已经逐渐成熟。父母要充分相信孩子，遇事要放手让孩子去做，从而培养孩子多方面的能力，家长只要严格把关、正确引导孩子即可。

对孩子诚信守诺，不掺杂半点虚假。说话算话，守信守诺，答应孩子的事就一定要做到，对孩子不欺不瞒、不隐不藏，向孩子敞开你的思想和感受。当工作没有做好时，父母可以说自己很灰心；对孩子的赞叹、欣赏、喜欢以及生气、不满，都不妨直接告诉孩子，不必隐瞒，这样更有利于促进孩子对父母的信任。

敢于向孩子承认错误。在教育孩子的过程中，难免会出现一些错误。如果面对这些过失的发生，父母能对孩子用疏导的手段、慈爱的态度来解决，那么他们就能够接受，从而增加了孩子的信任，并激发了他们自己寻求答案的愿望。

总之，和谐家庭中，父母和孩子之间是一种平等、尊重、关心和信任的友好关系，父母多尊重和理解孩子，爱护孩子、了解孩子的一切，关心孩子的一切，这样才能赢得孩子的信任与友谊，真正成为孩子的知心朋友，共筑家庭的和谐与幸福。

第八章 好学上进，笃学不倦

弘扬进取美德，建立好学家风

学习，是进步的源泉，是成长的阶梯，家风建设绝不能少了学习。一个家庭只有营造好学上进、奋发进取的家风，营造良好的家庭学习氛围，促进家庭成员人人爱学习、个个争进取的良好风气，这个家庭才能奋发上进、不断进取。

第八章 好学上进，笃学不倦
——弘扬进取美德，建立好学家风

1

父母带头，营造家庭学习氛围

老话说得好，几百年人家无非积善，第一等好事只是读书。读书上进在中国传统家风中是至为重要的内容。所以，在宋代汪洙《神童诗》中才会说："万般皆下品，惟有读书高。"这话有一定道理，不读书不明理，不读书不知礼，再贫苦辛劳的人家，子弟也要读书，边耕作边读书成为传统家风的一种特色。所以"诗书传家""耕读传家"者众。一直到今天，读书上进的家风依然是最受人推崇的家风之一。因为要想使孩子成为社会的有用之才，必须正确引导孩子读书学习，让孩子从读书中体会到生活的快乐、找到阅读的兴趣、发现人生的真谛、学会立身处世的技能和方法。

要塑造好学上进的家风，需要父母带头，在家庭中营造良好的学习氛围，引导孩子养成好学的习惯。

明明刚3岁，但是已经读完了近30本书，而且每一本书里的故事他都能讲得头头是道，让大家羡慕不已。明明这种爱读书的习惯正是从父母处传承而来的。

明明的爸爸是记者，妈妈是编辑，职业使然，他们家里最多的就是书，爸妈在家干得最多的事就是读书、写文章。明明从小就学会了像爸妈一样从书架上找书看。为使孩子找书更方便，爸爸妈妈还专门给明

新时代，新家风
——继承传统美德，弘扬时代风尚

明买了小书架，把他的幼儿画报、看图识字书及图画故事书放在小书架上，明明可以自己选择。每天晚上，爸爸妈妈都会带着明明一起读故事书，看书里的画，一个字一个字教明明读，经常一本书读了好多遍，不知不觉间，许多字明明都认识了。3岁以后，明明基本上可以自己读书了，不认识的字，开始是问爸爸妈妈，后来爸爸教会他查字典，明明就经常像模像样地查字典，那认真劲儿让爸爸妈妈欣慰不已。

现在，家中最常见的风景就是一家三口津津有味地读书。"六一"儿童节、新年的礼物，夫妻俩为儿子准备的都是有趣有益的书。家里的走廊上，夫妻俩为孩子挂满了各种经典读卡。只要进入家门，感受到的就是浓浓的读书氛围。所以明明3岁就成了一个"书虫"。

父母是孩子的第一任老师，是孩子成长过程中最亲密的导师。父母每天好学上进、沉浸在书中，孩子自然有样学样，也会爱上阅读。父母为孩子营造了良好的学习氛围，孩子自然就会爱上学习。

需要注意的是，营造家庭学习氛围，不仅仅是营造阅读氛围，而是营造一种健康向上、积极进取的氛围。千万不要简单甚至错误地理解"学习"两个字，不能把"学习"看作就是读书，是书本知识的掌握，一定要把"学习"拓展到孩子成长过程中各种能力和知识的掌握上，既要包括学会知识，同时还要强调学会做人、学会学习、学会生活、学会生存等，这些都是孩子学习的内容。世间任何事情都需要学习，不仅仅指阅读。父母要培养孩子的多种爱好，下棋、演奏乐器、唱歌、游泳、滑雪……这些看似娱乐的项目，其实都需要学习，都可以培养学习的习惯，而且在娱乐中学习，更有利于培养孩子的学习兴趣。

还有的父母由于职业需要，要报考各种各样的考试，也不妨让孩子知道，并且自己认真复习、努力考好，给孩子树立良好的榜样。家长要合理配置休闲时间，家人经常共同学习、共同提高。家庭成员坚持收听、收看新闻节目，关心国内外大事，每天安排一定的时间阅览报刊、上网学习，每人的学习时间不少于休闲时间的 1/3，家庭成员经常交流学习体会，共同分享学习成果。家人经常共同外出参观、游览，不断丰富业余文化生活。这些都有利于营造良好的学习氛围，有利于培养好学上进的家风。

新时代，新家风
——继承传统美德，弘扬时代风尚

2 制订家庭学习计划，有目标地学习

培养好学上进的家风，要针对家庭学习情况，制订各自的学习计划，有计划、有目标地学习，既会使学习效果更好，更有利于促进学习习惯的养成和好学家风的形成。

目标的作用是巨大的。目标就像黑暗中的导航灯，指引着前进的方向，更是前进的动力。生活中常常可以看见，在同样艰苦的条件下，有的人萎靡不振、苟且度日，有的人却精神焕发、积极努力，就是因为目标在起着重要作用。一位名人曾说，无目标的生活，犹如没有罗盘而航行。当一个人不知道他下一步要做什么的时候，他是颓废的。就像我们在假期中，虽然清闲自由，但会让人觉得空虚而沉闷。但如果制订一个计划，为自己确定了一个目标，便会觉得充实而活跃。一个有坚定目标的人，懂得用目标激励自己，用目标引导自己的成长，用目标作为自己克服一切困难的动力。

学习亦是如此，没有一个清晰的目标，人们就会漫无目的、不知所措，不能产生很好的学习效果。因而家庭中定好学习目标、并根据目标制订学习计划是很有必要的。家庭学习计划，是针对家庭所有成员的，不单单是针对孩子的，这样更能激发孩子的学习兴趣。

京京家制订了一份家庭学习目标和计划，爸爸妈妈和京京都分别

第八章 好学上进，笃学不倦

——弘扬进取美德，建立好学家风

定下了自己的学习目标和奖励方法，要是全部达到目标，京京就可以得到梦寐以求的照相机了，这让京京很兴奋。京京的学习计划并不轻松，他觉得，爸爸妈妈的学习目标可比他的难多了，肯定比不过他的。这次他们家的家庭学习计划如下。

爸爸的学习任务：

（1）学习时事政治，了解全年的国家大事。

（2）学习专业技能，力争本年度考取高级人力资源管理师职称。

（3）学习劳动保障法律法规，要达到能与工作密切结合的水平、做好公司职工的劳动保障工作。

（4）人文社科类学习，包括文学类、历史地理类、摄影类、艺术鉴赏类等内容，具体为计划读一本本年度著名的小说，学会摄影技巧，能拍出质量优秀的照片，并且能在网上卖掉五幅以上的图片使用权，至少看两次画展、至少听四次艺术类的讲座。

妈妈的学习任务：

（1）学习与工作密切相关的知识和技能，报考中级职称，并力争考过。

（2）学习饮食烹饪技巧，至少学会两道客家菜和两道湖南菜的做法；

（3）学会游泳。

（4）学会插花艺术，掌握一般插花技巧。

京京的学习任务：

（1）课外作业、课外文化知识学习。

（2）英语口语练习，要能熟练进行一般生活场景的英语对话。

（3）小说、散文和诗歌，各读至少三本，并坚持写读书笔记。

（4）练好竹笛，达到独奏水平。

（5）学习硬笔书法，力争年内有大的进步。

新时代，新家风
——继承传统美德，弘扬时代风尚

设立学习型家庭奖励基金。凡是到年底时达到学习目标的家庭成员，奖励一件自己最想要的、不超过3000元的奖品；年底评选一名坚持学习的家庭成员，给予300元的购书奖金。

计划订好以后，京京和爸爸妈妈开始了学习竞赛，你追我赶，家中学习氛围浓厚。每天晚上8点40分到9点半睡觉之前，是三个人的读书时间，很轻松就完成了读书的目标。在周末的家庭日，他们专门开展家庭阅读会，三个人分享本周阅读的心得，也互相指出不足，共同提高。在每月的第一个周日，他们还开展好书品赏会，家庭成员在品赏会上各自推荐一本书，并为大家展示书的特点。通过这样的家庭活动，学习已经成为他们家庭中的要事和大事了，同时因为学习目标明确，不至于东一榔头西一棒子地乱打，学习效果显著提升。不仅京京的学习成绩有了重大提升，爸爸妈妈的工作也有明显的进步，更重要的是，大家都积极进取、害怕落后，学习热情高涨，好学家风悄然形成。

3

建立家庭"图书角",让阅读成为习惯

家庭建立"图书角",主要目的是为孩子创设一种读书的环境和氛围。"图书角"是孩子在家里汲取知识的港湾,是家庭成员心灵沟通的驿站。在这里,家庭成员不仅可以读书学习,还可以交流谈心、互促互进,增强学习效果,提升学习兴趣。当看到孩子坐在"图书角"专心学习时,家长也会由衷地高兴;当孩子看到家长在"图书角"学习时,孩子也会跑过来和爸爸妈妈一起学习,不再沉迷于手机或游戏。

家中的"图书角"布置起来很简单,客厅、卧室、书房,甚至是角落都可以通过合理摆放和巧妙安置,成为家中一处悠闲、优雅、温馨、惬意的"图书角"。

比如将客厅门两侧墙壁设计为书柜,把家中的藏书、孩子经常学习或喜欢的书摆放在这里,然后装上台灯、读书台、椅子,一个小巧精致的"图书角"就形成了。在这个小小的特殊的环境里,有明亮而柔和的光线,舒适的桌椅,实用的书柜。这样一个适宜放松的环境,会使孩子感受到读书是一种享受。

父母可以利用书柜的风格,将这个区域布置为客厅的文化区,摆放钢琴、棋桌、茶艺桌等,还可以放一些绿植,或是具有仪式感的道具。比如一顶"阅读帽子",当戴着这个帽子坐在这个空间里的时候,大家

新时代，新家风
——继承传统美德，弘扬时代风尚

就知道有人在里面阅读，就不会打扰他，他自己也能意识到自己在阅读；或是一个带音响的铃铛，读书时间就会响铃，一响铃就会让大家意识到该阅读了，从而养成良好的阅读习惯。

设立家庭"图书角"的目的主要是给家庭创造一个良好的读书环境，培养读书的习惯。每个家庭都可以利用节假日，做一次以建立家庭"图书角"为主题的家庭活动。孩子和父母一起在家中选定地方，一起设计、布置"图书角"，一起购置有关图书，然后写出这个主题活动的过程、体验和收获，再拍一张家庭"图书角"的照片，并在照片上题写激励自己的话，"图书角"就建成了，家中就有了读书的地方了。这会给孩子一种特别新奇的感受，孩子会迫不及待地想要体验一下。这时候家长要做好示范，并且挑选一些最能激发孩子兴趣、孩子爱看的书给孩子，并且在孩子读书的时候及时做好后勤服务，比如端水、递水果，同时对孩子安静读书的状态进行适度的表扬，让孩子体会到读书真的是一件美妙无比的事情，孩子就会越来越喜欢"图书角"，越来越喜欢读书，从而养成良好的读书习惯。

家中可以没有书房，但是必须要有一个读书的地方，哪怕是个小小的"图书角"。没有书的家庭是苍白的，很难创设出一种读书的氛围，让孩子产生读书的欲望。一盏台灯、两把椅子、一个书柜、一排书，很简单的摆设，但它是一种积极的提示和刺激，可以有效地引导孩子养成阅读的习惯，形成好学的家风。所以，不管房子大还是小，书多还是少，都应当设立这样的一个专门的"图书角"，引导孩子培养读书的习惯，塑造好学的家风。

4 处处学习，让学习成为一种习惯

家庭学习，并非一定要在家里才能学习。其实只要想学，在哪里都可以学习，处处都是课堂。在当今这样一个科技无处不在、新知识无时不有的"泛学习"时代，只要你爱学习、想学习，就能处处学习、时时学习，不分地点不分时间，随时、随地、随处，都可以学习，而不仅仅只在学校中，在教室里，在家庭内，也绝不仅仅只能在自家的"读书角"才能读书。当学习成为一种习惯之后，学习就会无处不在、无时不在。正像很多妈妈带孩子出门时看到任何一个写有字的地方都能教孩子识字一样，处处都是学习的场所，处处都是学习的机会。从书本上学，从娱乐中学，从游玩中学，从实践中学，从失败中学，从网络上学……只要愿意，学习就无处不在。

在当前科技高速发展、世界日新月异的时代，学习早已进入"泛学习"时代。也就是在现在任何时间、任何地点，人们都可以学习他想要的任何内容，无所不在的学习。

所谓"无所不在的学习"，就是任何地方都可以学习，比如各类学校、工作场所、家庭住宅、旅途以及其他场所。现在我们的生活和学习的界限早已模糊，不仅仅学校才是学习的地方，而是根据自己的需要，在任何地方都可以学到自己想获得的知识。比如在学校里，可以接受基础教育、专业教育、专业培训等；在家庭里，可以进行文学艺术作品、娱乐休闲信息、家庭理财知识等方面的信息浏览；在工作场所，可以学习专业技能、工作知识及社交、礼仪等方面的内容；而在旅途中，则可以进行生活百科、人文历史等知识的学习；再比如在博物馆、图书馆、展览馆等，我们都可以学到不同的知识。

由此可见，"学习"这个熟悉的字眼，正被赋予新的内涵。社会正在形成"人人都在学习，处处皆为课堂"的局面。随着科技的发展、网络的普及，学习途径与学习方式已经在转变。学习已经不是只能发生在教室、图书馆里的事情，学习无处不在。一个习惯学习的人，随处随地都能学到知识。

一是可以从书本中学。自古以来，读书就是全人类最重要、最通行、也最普遍的学习方式。古今中外的人们，都给书赋予了无限的崇拜和赞美。

《三国志》作者陈寿说："如果有一天没有书，那么就什么事也做不成了。"唐宋八大家之一，宋代的王安石作过一首关于读书的诗："读书不破费，读书利万倍。窗前读古书，灯下寻书义。贫者因书富，富者因书贵。"意思是读书不用花钱，却可以使自己学识渊博；读书需要刻苦钻研；贫穷的人读书后就因知识而富足，富有的人读书后就因知识而高贵。

英国文豪莎士比亚说："书籍对于我，比王位更为宝贵。"苏联教育家苏霍姆林斯基在《教育的艺术》中说："我的教育信念的真理之一，便是无比相信书的教育力量。学校首先就是书……一本充满智慧的、有鼓舞力的书，往往能决定一个人的命运。"苏联文豪高尔基说："书是人类进步的阶梯。"

第八章 好学上进，笃学不倦
——弘扬进取美德，建立好学家风

　　读书是学习最重要、最普遍、也最有效率的方式。不管什么样的书，都可以让我们学到各种各样的知识。哲学家培根在《论读书》中说："读史使人明智，读诗使人聪慧，数学使人精密，哲理使人深刻，伦理学使人有修养，逻辑修辞使人善辩……凡有所学，皆成性格。"说得真是精辟之至。不管什么样的书，都会让我们学到知识，增长见闻。如果边读书边学会思考，懂得运用，那么，还有什么样的智慧是我们不能获取的呢？要善于从书本中学习，善于利用这个"人类进步的阶梯"，学会踩着这个阶梯为自己的理想和未来铺路搭桥。

　　二是从实践中学，实践是最好的老师。陆游在《冬夜读书示子聿》中说："纸上得来终觉浅，绝知此事要躬行。"从书中学习和从实践中学习，是两种不同的体验。"实践是检验真理的唯一标准"。只有通过实践，才能真正证明真理的正确性，只有通过实践，才能检测学习的效果；只有通过实践，才能查漏补缺、发现不足；只有通过实践，才能让我们有实实在在的体会，并且在这种体验中获得深刻的感知，成为我们最牢固的经验，并让我们从中学习到切合实际的知识。因而光读书不行，还要实践，从实践中学习，从实践中获得实实在在的经验，让学到的知识更加深刻、有用。

　　经验是一种无价之宝，即使花再多的钱也不可能买到；它也不像知识可以靠传授得到，必须要靠自己去体会。平时多带孩子去实践，比如带孩子领略大自然的神奇，从自然中了解山川万物的样子，体会四季轮回的规律；带孩子买菜做饭，体会人间烟火之美的同时，学会基本的生存技能，获取生活的知识和经验，等等。

　　三是可以从网络中学。网络之大，无奇不有。网络的神奇相信大家都领略过，一张"网"支撑着我们所有的生活。网络迅速改变着现代

新时代，新家风
——继承传统美德，弘扬时代风尚

人的生活和生产方式，也提供了更为方便、快捷的自我学习条件，使我们能够在最短的时间里了解到最新的资讯，为我们拓展视野，提供丰富的学习资源和更为广阔的学习空间。网络就是一本无所不能的百科全书，而且无时无刻不在我们身边，是最便捷、最简单的学习途径，却又最丰富的学习资源。父母要教孩子利用网络学习，而不仅仅是用来玩游戏。

四是可以从生活中学。读书学习获取知识诚然重要，但从生活中获取真知也是必不可少的。古代知识分子提倡"读万卷书，行万里路"，就是要在行路的过程中学到比书本上更为丰富和深刻的知识。生活有百味，每尝一味都会从中体会到不同的道理，悟出不同的人生。生活，就是一本无字的大书，蕴含有无穷无尽的智慧和哲理，生活丰富多彩，生活充满奥秘，生活处处是学问。善于向生活学习的人，是真正懂得学习真谛的人，也是真正会学习的人。不论多么平凡的人，都会从生活中学到无尽的道理，增长无尽的见识。

只要我们愿意学习，学习就无处不在。家长要善于利用周围条件，引导和带领孩子处处学习，培养学习的习惯。有了良好的学习习惯，孩子就会时时都在学习，处处都可学习，就会天天进步，"苟日新，日日新，又日新"，知识更丰富、更厚重，事业和生活就会更精彩更美好。

第八章　好学上进，笃学不倦
——弘扬进取美德，建立好学家风

5

三人行必有吾师，家中成员相互学习

《论语·述而》中有言："子曰：三人行，必有我师焉。择其善者而从之，其不善者而改之。"意思是许多人同行，中间必然有能做我们老师的人。我们可以选择比我们优秀的人向他学习，遇见比我们差一点的，我们可以在对照他们的缺点后改正自己的缺点。所以，他们都可以算得上是我们的老师。《论语集注》中朱熹注释此条："三人同行，其一我也。彼二人者，一善一恶，则我从其善而改其恶焉，是二者皆我师也。"

每个人都有各自的优缺点。遇见的每个人都可以使我们的知识有所增益。假如遇见的是一个渔夫，那他能帮助我们认识神秘的海洋；假如遇见的是一个猎人，那他能告诉我们森林中的故事；即使是一个普通的农夫，也会告诉我们四季轮回的奥秘……善于学习的人，就会从每一个人的身上学到自己所没有的、所欠缺的知识和技能，每一个人都会成为我们的老师，都是我们学习的对象。

家庭学习也是一样，人人皆可为师。家庭成员之间各有所长，也可以互相学习，并且这正是塑造好学家风的重要途径。

有一个家庭，家中有位青年爱学习，却苦于家境贫寒不能远出家门拜访名师。他的父亲知道了，不觉暗暗抹泪，觉得家贫耽误了儿子的前程，很是愧疚。但这个消息传到青年的爷爷耳中时，却遭到老人的一

新时代，新家风
——继承传统美德，弘扬时代风尚

顿臭骂。爷爷叫来孙子问他："我很平凡，不过，我所知道的你都懂吗？"这位青年忽然明白了，原来并不需要去找名师，身边不到处都是老师吗？于是，他不再伤心，而是虚心地向做手艺的哥哥请教手艺的精髓，向父亲学习种田的技巧，向母亲学习做饭，向身边的每一个人，甚至过路人请教自己迷惑的问题，学问大有进展，最终成为当地有名的"万事通"。

善于学习，人人皆可为师；不善于学习，就会故步自封，最终无路可走。只要谦虚好学，吸取他人精华，就能成就自己的不凡。

每个人都有着独特的优点，多向身边的人学习是对自己的完善。善于向他人学习，关键在"善于"。所谓"善于"，就是掌握最佳的学习方法，具备强大的学习能力。首先要诚心诚意，虚心向他人求教，而不是假意请教，浅尝辄止；其次要下真功夫，不是忽悠自己。很多时候道理易懂，学会才难，想要真正学会道理或技巧，但不下真功夫去钻研、去练习，去弄通、弄懂、弄透彻，是不可能学好的。向他人学习还要改变观念，放下"架子"，丢掉"面子"，虚心地向家人请教，向身边人请教。见优点就学，见先进之处就学，只有怀有这样的态度，才能不断提高，不断进步。

在一个家庭中，父母孩子之间、夫妻之间、兄弟姐妹之间，都是互相学习的对象。虽说在一个家庭中生活，但大家的知识储备不同，各有所长，各有所短，家庭中每个成员只要做到见贤思齐、取长补短、互相学习，则会更好地促进家庭的和谐与温暖，当然也更有利于建设好学上进、努力奋发、谦虚踏实的家风。

第八章　好学上进，笃学不倦
——弘扬进取美德，建立好学家风

6

克服骄傲自满，要不断学习

学习最怕的是骄傲自满。只要骄傲自满，就会自大自负，停下学习的脚步，最后使学习受到影响。自古以来，谦虚就是深为大家推崇的美德，并且流传下来很多关于谦虚的名言警句。如"满招损，谦受益""谦虚使人进步，骄傲使人落后""虚心竹有低头叶，傲骨梅无仰面花""百尺竿头，更进一步"。这些格言警句启迪后人在学习时一定要保持谦虚的态度，对自己有一个正确的衡量，不骄傲、不自满，继而才能取得更大的成就。骄傲自满是学不好的，骄傲自满是学习的大忌。下面这则笑话就是对骄傲自满者的绝妙讽刺。

相传，有一位一字不识的财主，深受不识字之害，便给儿子请了一位先生，来家里教儿子识字。先生提笔在纸上写了一横，告诉财主的儿子说"这是一"；写了两横，说"这是二"；写了三横，说"这是三"。这时，财主的儿子高兴地叫道："知道了！知道了！"然后跑到父亲那里说他已经学会了写字，用不着先生教了。财主听后也非常高兴，就把先生辞退了。

之后有一天，财主家要请一位姓万的人来作客。财主让儿子写一封请帖。儿子在书房里写了半天，还没有写完，财主不断催促。儿子就抱怨道："天下那么多姓，他干吗偏偏要姓万啊？我从早写到晚，到现

新时代，新家风
——继承传统美德，弘扬时代风尚

在才写了五百画。"

财主儿子骄傲自满，以为天下知识不过是在一横之上相加，闹出了大笑话。但大笑之余，我们是不是也该反思呢？我们有没有骄傲自满的毛病呢？

古人云："学者之病，最忌自高自狭。自高者如峭壁，时雨过之，须臾溜散，不能分润。自狭者如瓮盎受水，过其量则溢矣。善学者其如海乎，旱九年而不枯，受九洲而不满。"意思是做学问的人最忌讳的缺点是自高自大和目光短浅。自高自大的人，如同峭壁，暴雨落下，一会儿就消失了，一点也不能使峭壁湿润。目光短浅的人，如同瓮里盛水，容纳几担几斗还可以，一超过它的最大容量就会溢出来了。善于学习的人，他们的知识如同海洋一样，干旱九年都不会干枯，即便容纳九洲的洪水也不会达到极限。

但这种"自高自狭"的"学者之病"，却几乎在我们每一个人身上都或多或少地存在。得了此病，轻则晕头转向、忘乎所以，像那位财主的儿子一样闹出大笑话来；重则事业受挫，甚至性命堪忧，如《三国演义》中的关羽，最终为自己的骄傲付出了生命。

金无足赤，人无完人。每个人都会有一点骄傲。特别是当我们取得了一定的成绩之后，往往都会或多或少地显出一些傲气来，甚至会变得骄傲起来。所以父母一定要注意提醒和警示孩子，杜绝骄傲自满，保持谦虚谨慎、努力学习、永不停步。

一要帮孩子认识到骄傲的危害。父母可以通过动画片、童话书或者现实中孩子熟悉的人和事，给孩子讲解骄傲的害处；抓住一切有利的时机对孩子进行思想教育，但一定要拒绝枯燥式的说教。如果父母反复地、了无生趣地讲解一件事情，就会引起孩子的反感，这样的教育是不

第八章　好学上进，笃学不倦
——弘扬进取美德，建立好学家风

会起到任何作用的。

二要引导孩子学会客观地看待自己。每个人的身上都有缺点和不足。如果只看到自己的缺点，就容易产生自卑；只看到自己的优点，就会产生自负。因此父母一定要耐心地教导孩子，让他们学会正确客观地看待自己。当孩子陷入自卑的时候，父母要给予适当的鼓励和支持，让他发现自身的优点；当孩子陷入自负的时候，父母也要帮助他认识到自己的不足。

孩子之所以会出现骄傲自负的情绪，通常都是因为过高地估计了自己，认为自己就是最优秀的，什么事情都比别人强。在这种情况下，孩子往往只看到了自己的长处，而看不到自己的短处，或者习惯于拿自己的长处跟别人的短处比较。这时候，父母可以精心策划一些活动，让孩子栽几个跟头，并且给予正确的引导，帮助孩子反思自己的不足，这样孩子自负的心态可能就会在一定程度上减轻。

三要保持"空杯心态"。"空杯心态"，就是虚心的心态，就是想学到更多知识，先要把自己想象成"一个空着的杯子"，什么都没有，从而认真虚心地去请教，去学习。有些人学到一点东西就自满自足起来，以为够用一阵子的了。这种骄傲自满是学习的大敌，学习必须从不自满开始，无论取得多好的成绩，也不能骄傲。

四要让孩子明白，骄傲只会让人膨胀。低头的穗子最饱满，只有谦虚的学习态度才能学到更多。俗话说得好："一瓶子不满，半瓶子晃荡。"真正有学问、有知识、有技能的人，永远不会骄傲自满。在学习中一定要教孩子牢记：骄傲使人落后，谦虚使人进步，骄傲自满是学习的大忌，杜绝骄傲自满才能一直保持进步。

新时代，新家风
——继承传统美德，弘扬时代风尚

7

打造学习型家风，创建学习型家庭

打造学习型家风，与创建学习型家庭是一脉相承、殊途同归的。在有学习型家风的家庭中，每一个成员都有良好的学习习惯，更加健康快乐，更加容易获得人生的幸福体验，更快捷地赢得成功。学习能使人永远年轻，学习能让家庭更加和睦健康。学习型家庭是幸福的、快乐的、温馨的、成功的，培育出的子孙也都有着浓烈的学习情怀和学习习惯，都能有所作为。

以钱玄同、钱锺书、钱学森等为代表的江南钱氏家风，素以好学上进闻名。有人问钱家为什么出那么多名人，钱伟长戏答："我们钱家人喜欢读书，书读多了容易当官，当官的容易出名。"这种好读书的家学渊源沿袭至今，钱玄同钱三强父子、钱均夫钱学森父子、钱学熙钱绍武父子、钱基博钱锺书父子、钱穆钱逊父子、钱学榘钱永健父子等钱氏后代都是勤奋好学的典范。一脉相传，形成了钱家自强好学、一心报国的好家风。

钱氏家族自唐末时由先祖钱镠建立吴越国以来世代书香、彪炳史册、人才辈出的辉煌，最得益于钱氏先祖钱镠所极力倡导、精心经营的家风：宣明礼教，读书第一。读书在钱氏家风中占据重要位置，代代弘扬，得益莫大。

第八章 好学上进，笃学不倦
——弘扬进取美德，建立好学家风

在"读书第一"家风影响下，钱氏家族热衷学业，苦读上进，文化昌盛。文人群体声名显赫，博学名流接踵而至。宋代以后，钱氏文人群体不断壮大，"钱氏之有籍于朝廷者，殆不可胜数，而以才称于世、尝任事者，比比出焉""富贵文物，三百年相续，前代所未见也"。如钱氏五状元：元代钱用壬，明代钱福、钱士昇；清代钱维城、钱棨。宋时人称钱太白的钱易，明末乱世名士钱谦益，清文坛宗师钱陈群，一代通儒钱大昕，藏书名家钱曾等，不胜枚举。近代以来更是出现人才井喷现象，钱玄同、钱学森、钱伟长、钱三强、钱穆、钱锺书等众多科技巨擘、国学大师。

钱氏家族自唐末迄今两千余年，历三十多世，文脉不易，家风不坠，《钱氏家训》功不可没。千百年来，钱氏族人始终以家训为行为准则，践行着"心术不可得罪于天地，言行皆当无愧于圣贤""子孙虽愚，诗书须读""利在一身勿谋也，利在天下者必谋之"的训言。这样的立身标准、读书要求和家国情怀，正是钱家人才辈出的重要原因。

毫无疑问，是好学的家风造就了钱氏众多的人才，好学家风正是培育良好人才的源头。现代家庭塑造良好的家风就要高度重视好学家风的塑造，培育良好的学习习惯，创建学习型家庭，让家庭成员人人爱学习，个个有成就。

创建学习型家庭，第一，要努力给孩子创造一个良好的学习环境。家庭成员之间的和睦、民主平等、互相尊重体贴和充满欢乐的气氛，是家庭学习氛围的基础，父母是家庭生活的主体，夫妻之间的互敬互爱，有利于整个家庭气氛的温馨和谐，对于营造学习的氛围至关重要。

有的父母当着孩子的面经常吵嘴、打架，会在孩子心灵上投下阴影，让孩子觉得在家里压抑不舒畅，精神上苦闷，感受不到温暖，何谈

新时代，新家风
—— 继承传统美德，弘扬时代风尚

学习、努力、向上？这样的家庭气氛只会让孩子向坏的方面发展，向家庭之外寻求寄托和温暖，有的因此走向犯罪的深渊，这是父母要特别注意的。只有一个温暖、有爱、积极向上的家庭，才有可能培育出良好的学习风气。

第二，父母要做好榜样。父母不爱学习、懒散消极、不思进取，整天就催着孩子学习，不停地向孩子唠叨着要努力要上进，怎么可能会激发孩子的学习兴趣？孩子只会抱怨："为什么就让我做，你们自己不做？"所以，父母首先要有好的学习理念、学习态度、学习心态。千万不要认为大人不需要学习，学生才需要学习，一定要在家庭里树立"终身学习"的理念，活到老学到老，养成爱学习、愿学习、会学习的习惯，给孩子带好头，孩子自然而然会跟着学习。

第三，要经常沟通，互相交流学习心得和学习方法，共同进步。父母要在家庭里建立畅通无阻的沟通渠道。代沟可以跨越，两代人的心灵上可以产生双向互动，学习与分享是家庭成员之间双向沟通的重要渠道，也是建立良好学习风气的前提。

第四，制定合理的学习规则。没有规矩，不能成方圆，在学校学习有学校的规则，家庭学习其实也是需要规则的。特别是对于孩子来说，规则更重要。比如有的孩子一回家做作业就坐不住板凳，一会儿上厕所，一会儿吃苹果，一会儿玩……一个二十分钟的作业他能做几个小时，这是非常不好的习惯，父母必须帮着改掉它。比如设定一个学习的时间段，二十分钟不能动，坚持就有奖励，这样一段时间后，孩子就会沉稳很多，不再一会儿跑，一会儿动了。

第五，学会倾听。在忙于生计的同时，父母一定要抽出时间来多了解孩子，与孩子多沟通，学会倾听孩子内心的想法。切不可随便向孩子发脾气，气急攻心的父母，在面对不听管教的孩子时，通常最直接的

第八章　好学上进，笃学不倦
——弘扬进取美德，建立好学家风

反应就是破口大骂。这时候父母一定要先冷静下来，尝试着多一分耐心，问问孩子这么做的原因是什么。

第六，正确地表扬和批评。表扬要讲究方法，既不能泛滥，也不能敷衍，更不能冷漠。表扬要表扬到点上，"热情真诚、实质有效"的表扬，才是孩子前进的动力和源泉。一般来说，孩子都爱听表扬，特别是他确实做得不错时得到的表扬，会产生无穷的动力，让孩子变得阳光开朗、积极向上。所以孩子学习有进步，或是学习态度、学习方法有进步和改善的时候，父母适时地表扬对于提升孩子的学习动力非常有效。

一般情况下，不要轻易批评孩子。如果孩子真的犯错误了，父母就要及时地把孩子叫到跟前，郑重其事地批评，指出他错在哪里，分析他错的原因，并要有适当的惩罚措施。要批评，就要把准命脉、切准要害，让孩子彻底明白，切忌不痛不痒的批评。

第七，要从小处着手培养学习的习惯。人的习惯的改变是一件相当困难的事情，必须从小处着眼，从一点一滴做起。具体到家庭实践中，可以从各种生活细节处教会孩子学习，养成学习的习惯。比如客人来到家里，要热情接待、礼貌迎送，不要冷若冰霜、爱理不理；居室的布置要高雅清新，不要俗不可耐；物品摆放要整洁整齐，不要凌乱不堪等。这些生活细节对孩子都具有"无声胜有声"的潜移默化的教育作用，有利于培养学习习惯。

第八，给孩子提供学习条件。比如为孩子订购图书、报刊时，要尽量采取指导、建议与商量结合的态度。要鼓励孩子多读书，给孩子一定的自主权，让孩子自己选择一些感兴趣的图书，从而逐步提高阅读的能力。培养孩子良好的阅读习惯，还可带孩子去书店，让他自己挑选自己喜爱的书，对孩子养成良好的读书习惯也是大有裨益的。当孩子对某种读物产生兴趣时，要采取主动参与的态度，对孩子的读书活动给予关注。学会找机会让孩子讲书中精彩的内容，讲他的感想，与孩子讨论读后感，强化孩子的读书兴趣，使之坚持读书热情。有时候，父母可以在家中举办有趣的读书竞赛活动，让孩子通过参加读书活动，满足其平时无法得到满足的愿望。

　　总之，建立学习型家庭，打造学习型家风，需要全体家庭成员的努力，当然关键在于父母的引导和创造一切有利于学习的条件和环境，营造浓厚的学习氛围，引导和帮助孩子爱上学习。在一个书香气息浓郁的家庭里，孩子每天受到环境的熏陶，耳濡目染，也会喜欢上读书，爱上学习，养成良好的学习习惯，促进形成好学家风，并有助于建设学习型家庭。

第九章 一身清白，两袖清风

弘扬廉洁美德，塑造清廉家风

"国无廉则不安，家无廉则不宁。"清廉家风是家庭幸福长久的保障。家庭中人人洁身自爱、高风亮节、重义轻利，才能经得起诱惑，扛得住寂寞，守得住清贫，留得住气节，功名利禄不动心，冰霜气骨玉精神，整个家庭才能安宁长久，幸福永远。

第九章 一身清白,两袖清风
——弘扬廉洁美德,塑造清廉家风

1

清白家风不染尘,冰霜气骨玉精神

清白家风,是中国传统家风建设的重要内容。"清白"历来被认为是有德之家的重要标志,是众多家族重要的族规家训。南北朝时梁武帝的贤相徐勉的名言"人遗子孙以财,我遗之以清白"一直被后人推崇和效仿。

南北朝梁武帝时,徐勉任吏部尚书。官位虽高,却坚守清廉,不谋私财。有人劝他经营些产业,蓄积点钱财,留给子孙。徐勉回答说:"人遗子孙以财,我遗之以清白。子孙才也,则自致辎;如其不才,终为他有。"徐勉还留下书信告诫儿子徐崧:"吾家世代清廉,故常居贫素,至于产业之事,所未尝言,非直不经营而已……以清白遗子孙,不亦厚乎?"

和清白的家风相比,钱财算什么?留给子孙钱财,必不如留给子孙清白。徐勉希望的是儿孙能做堂堂正正、清清白白的人,留清白肯定要比留钱财更有智慧。

唐朝名相房玄龄的父亲房彦谦就很崇尚这种做法,不给子孙留财产。《隋书》载:房彦谦"家有旧业,资产素殷,又前后居官,所得俸禄,皆以周恤亲友,家无余财,车服器用,务存素俭。自少及长,一言

新时代，新家风
——继承传统美德，弘扬时代风尚

一行，未尝涉私，虽致屡空，怡然自得。尝从容独笑，顾谓其子玄龄曰：'人皆因禄富，我独以官贫。所遗子孙，在于清白耳。'"房玄龄继承了这种"清白"的家风，虽身居高位，却持身端正，为人清白，清正廉明，政绩卓著，任宰相达十五年之久，为开创"贞观之治"时代做出重要贡献，有清廉为官、千古名相的美誉。

不遗子孙钱财，但遗子孙清白的，远不止房家父子。宋代包拯在《家训》中写道："后世子孙仕宦，有犯赃滥者，不得放归本家；亡殁之后，不得葬于大茔之中，不从吾志，非吾子孙。"

南宋诗人张道洽有一首题为《梅花》的七律诗，开头即说："清白家风不染尘，冰霜气骨玉精神"，高度赞美这种清白的家风，如冰如玉般高洁纯粹。有清白家风、以清白传家之人，也历来为人所传诵。汉代杨震，就是清白家风的典范，其"四知却金"的清廉之风流芳千年，且清白家风一直延绵至今。

杨震，字伯起，汉代华阴（今陕西潼关）人。自幼勤奋好学，博览群书，后开设学堂教授学生，教学有方，被人们尊称"关西孔子"。五十岁时被大将军邓骘招募入府，不久便被推荐为"茂才"，即秀才，随后先后担任了荆州刺史、东莱太守，直到汉安延光二年担任太尉，掌管国家军事大权。

他一生清廉，不谋私利，特别是他调任东莱太守赴任途中，路经昌邑时，昌邑县令王密，曾受杨震提携举荐之恩，为了报答他特备黄金十斤，乘夜深人静，打算送给杨震。杨震坚辞不受，很不高兴地对王密说："我懂你、了解你、提携你，你却不了解我、不懂我，这是为什么？"王密说："三更半夜不会有人知道，更不会影响到老师的人品。"杨震说：

第九章 一身清白，两袖清风
——弘扬廉洁美德，塑造清廉家风

"天知、地知、你知、我知，怎么能说没有人知？"从此"四知却金"的故事，传为千古佳话。后人因此称杨震为"四知先生"。

杨震一生清白正直，为官十几年，不修豪华宅府，常以素菜为食，衣无锦绣，徒步往来不乘马车。有人劝杨震为子孙考虑，置办产业。杨震坚决不肯，慨然说道："使后世称为清白吏子孙，以此遗之，不亦厚乎？"这样的清白家风也一直为杨氏后人所继承。

杨震的子孙们深受做"清白吏"的家风影响，个个都清白有为。他的五个儿子都以"清白吏"而誉满天下，特别是杨震的三子杨秉自律极严，曾任太仆、太常，为官以清白廉洁著称，故吏曾拿百万钱送他，他闭门不受，尤以"三不惑"，即不饮酒、不贪财、不近色而闻名于世，人们赞其为"淳白"。

杨赐，杨秉之子，杨震之孙，东汉名臣，同样以清正廉洁、忠直无私而闻名，继承了杨震的清廉品格和铮铮风骨。

杨彪，杨赐之子，杨震曾孙，汉献帝时，遍历司空、司徒、太尉三公之职。权臣董卓意图迁都时，百官无敢反对者，唯有杨彪挺身而出，据理力争。汉献帝东迁时，杨彪尽节护主，表现了忠贞之节。

从杨震起，家族有四代人连续担任"三公"职务，个个清廉，代代都能够守住"清白吏"的家风。据《后汉书·杨震列传》记载：自震至彪，四世太尉，德业相继，代代"能守家风，为世所贵"。恰如唐代诗人李白在《送杨燕之东鲁》一诗中吟咏的那样："关西杨伯起，汉日旧称贤。四代三公族，清风播人天。"

这样的家风代代相传，一直到现在。杨氏后人都以"清白传家""四知家风"作为祖训，千年以来家风不坠。以杨震"四知"典故命名的"四知堂""清白堂"，遍布海内外各地。如浙江、福建、广东、河南、重庆，甚至在马来西亚、印尼、新加坡等国都有杨氏后人为纪念杨震所建的祠堂，

新时代，新家风
——继承传统美德，弘扬时代风尚

杨震精神早已超越了国界，成为世所推崇的高尚品德和优秀家风的典范。

清白的家风，不染半丝烟尘，行得正，坐得稳，一身正气，两袖清风，磊落坦荡，这样的家风，自然会使家族长盛不衰。

"清白"是厚重的传统家风，也是传统道德和文化的精髓，滋养了源远流长的家风，也哺育了厚德载物的中华道德体系。"清白"，是纯洁，是清雅，是干净，是从容，更是自律、自警和自觉向善的品格。《辞海》对"清白"的释义是：操行纯洁，没有污点。这是一个清爽而无瑕的词汇，更是一种"质本洁来还洁去""要留清白在人间"的崇高境界，是一种"虽不能至，心向往之"的道德高峰，更是洁身自好、坦荡从容、清静自然、严谨自律的家风。

坚守"清白"家风，把"清白"装进心间，就能自觉抵御物质的诱惑，抗拒名利的侵袭，从而释放出人格的纯净、道德的高尚以及俭素淡定的清雅情怀，有效化解贪婪、势利、奢侈、市侩和腐败，保持廉洁、节俭、正直和无私的品格，保持纯洁、从容、淡定的内心，使整个家庭都清清爽爽、干干净净。

"清白"传世的家风总是让人心生敬意。在当代，更应该让这种"冰霜气骨玉精神"释放出厚重致远的道德魅力、人格光华，成为更多家庭的价值颜色，放射出时代光彩。

2

父母带头，不该拿的一分不拿

清白家风建设，关键在于父母、一家之长。父母长辈是儿女子孙的榜样，父母长辈清白为人，言传身教，儿女子孙必然也会秉承清白家风，俗话"有其父必有其子"，"龙生龙，凤生凤，老鼠的儿子会打洞"体现的正是父母对子女的影响。所以，作为父母要时时检点自己的言行，以身示范，以实际行动教育儿女廉洁自律，保持清白。

在当代，有很多家庭里父母都身处要职、手握重权，要筑就清白家风，就需要父母一定要坚守廉洁、严格自律，坚守"三个管住"——管住手，不该拿的钱物坚决不拿；管住嘴，不该吃的坚决不吃；管住腿，不该去的地方坚决不去。特别是不该拿的钱物，绝对应当一分不拿，既是自我廉洁的关键，也是家风建设的重点。有很多原本崇尚廉洁、坚守清白的家庭后来却被腐败污染、被贪心毁灭，其中很重要的一点就是因为没有管住自己的手，拿了不该拿的东西。以至于越拿越多，收手不及，害了自己也害了子女，毁了清白家风也毁了家庭。

西晋时的胡质、胡威父子俩，就是很好的典范。胡质一生清正廉洁，勤勉努力，后升任东莞太守和荆州刺史，政绩显著，清名尤盛，从来没有拿过任何不属于自己的东西。

儿子胡威从小受父亲的影响，也以清廉为最大的美德，自律甚严。

新时代，新家风
——继承传统美德，弘扬时代风尚

有一年，年少的胡威从洛阳去探望在荆州当刺史的父亲。没有一车一马，也没有仆人随从，只有他独自一人骑着毛驴上路。途中住宿客栈时，胡威自己劈柴、做饭、放驴。同住客栈的得知他是荆州刺史胡质之子后，无不惊讶钦佩。在荆州小住几天后，胡威向父亲辞行，胡质很想拿点什么东西表示一下做父亲的心意，翻来覆去，总算从屋里翻出了一匹绢。可没想到胡威不但不领情，反而责问父亲："人们都说您清正廉洁，为官不贪不占，不知此绢从何而来？"胡质先是一愣，然后解释道："这是我自己的俸禄节余下来的。"胡威才放心地收下了。

后来胡威历任徐州刺史、青州刺史等职，他也同父亲一样廉洁自律，克己奉公，为官一任，造福一方。

俗话说："吃人的嘴短，拿人的手软。"要保持清白和廉洁，肯定不能拿别人的任何东西。千万别认为"不拿白不拿，拿了也白拿"，不是你的永远不是你的，拿了再多最终也是要吐出来的。父母一定要带头拒绝，不取不拿，给孩子做好清白榜样，在日常生活中，要严格要求自己，在子女面前，要言行一致、表里如一。不能说一套，做一套；在外一套，在家一套；当面一套，背后一套。要求子女做到的事，自己首先做好。任何时候都要坚守清白，抵制贪欲，不存非分之想，不拿不属于自己的一分一厘，让子女从小受到清白门风的熏陶，保持清白家风不染尘。

3 不该收的礼不收，让送礼者在家门口止步

常言说得好："天下没有免费的午餐。"白白送来的钱物，其实并不是好东西，而是有朝一日会毁灭家庭幸福生活的定时炸弹，这一点，我们一定要有清醒的认识。每一宗贿赂都是定时炸弹，说不定什么时候就把受贿人炸得魂飞魄散、家破人亡。不仅炸飞了个人的前程，也炸毁了家庭的幸福。这样的教训实在是太多。

当然，礼尚往来，本是人际交往的常情，有时候完全拒绝也是不合适的，要有技巧、分时候、分场合地拒绝。事实上，礼尚往来的礼不一定都是有陷阱的，朋友请托的事情不一定都是违法的，不管什么礼都一概拒绝可能给人以"不给情面"的感觉，不利于亲戚朋友关系的维护和保持。什么时候要拒礼，什么时候收礼，也要讲究技巧。

有一种情况很是常见的，也是比较难处理的，就是送礼的人没有什么明确的目的，礼物又不是特别贵重，尤其是逢年过节、婚丧嫁娶的时候，总会有一些亲朋好友登门造访，携带礼物表示祝贺。作为公职人员，你可能隐约感觉到他们别有用心，但是他们没有表露出明确的目的，而只是"联络感情"。这些礼物可能谈不上贵重，可能只是一些"土特产"，不好直接拒绝，但是收了之后又担心"拿了人家的手短"，日后求自己办事时抹不开面子。这其实也不难办，"礼"尚往来就行了。逢年过节的贺礼，如果你没有时间回访，可以准备一份分量相当的礼物回馈，

新时代，新家风
——继承传统美德，弘扬时代风尚

当时就要对方拿走。婚丧嫁娶的礼金就更容易解决了，遇到同样的问题时还个人情就行了。

当然，如果这样的礼品或是礼金太贵重、数额太大，那这种方式显然有纵容之嫌，应该当场拒绝。有时候也不妨以自己不在为由，请同事帮忙挡驾，这样也可以既不伤感情又可以拒腐，不失为廉洁自护的一种好方法。

如果是自家的亲戚求着办事来送礼，可以让父亲或是母亲来出面。作为长辈，他们说道理容易让人接受；而如果是和夫妻双方关系都很不错的朋友，可以试着让爱人和请托的朋友推心置腹地聊一聊，取得他的理解。一般来说，这避免了直接拒绝时双方的尴尬，容易让人接受。

总之，不是所有的礼都值得收。对于那些不该收的礼，一定要深刻认识到送礼的本质，那些不是礼物，而是"错误""炸弹""飞来祸"，绝不是"幸运""高兴""白来财"，要明白送的那些礼物只会带来灾祸，毁灭我们的家庭，而不会为我们带来任何好处。家庭一定要守紧家门，把这些惑乱人心的"礼物"挡在门外，让送礼者在家门口止步，不让这些错误进入自己的家门，保持家门的清白，保障家庭的幸福。

第九章 一身清白，两袖清风
——弘扬廉洁美德，塑造清廉家风

4 管住嘴不伸手，坚决不开后门

清白家风，就是家庭里所有的人为人处世都清清白白。这其实有三层意思：一是指明明白白做事；二是指坦坦荡荡共事；三是指清清白白处事。即经济上要清白，私生活要检点，头脑要清明。特别是在一些吃吃喝喝的小事上，一定不能轻易放松警惕，最后被玷污清白。

古语道："勿以恶小而为之，勿以善小而不为。"腐败问题无小事，小腐不防，大腐难除。因为小腐多了，就会成为"累积式腐败"，最让人难以防范。那些别有心计的"有心人"通过"吃喝玩乐"等看似正常的"感情投资"，一点点累积，最终把人们拉下水。"累积式腐败"的特色是每次的金额很小，单笔看上去似乎不构成犯罪，但是累积起来，却数额较大，构成犯罪。

然而，正是这些看上去不值一提的小打小闹，腐蚀了心灵，扰乱了心神。蚁穴失察必崩大坝；小贿不拒定成巨贪。一次普普通通的饭局，一点不值一提的小礼品，或者是一次看似普通不过的娱乐活动，却最终毁掉了自己，一步一步滑进贪腐的泥潭和犯罪的深渊。

别以为吃吃喝喝、小礼小贿无所谓，如果不能管住嘴就别伸手，不能把紧"后门"，就很可能让人攻破防线，损害家庭清白，甚至毁掉家庭幸福。要保持廉洁，清白立身，清白持家，不仅要在心里建一条廉洁防线，保持头脑清醒，生活小节上清清白白，更要把好后门，守紧底

新时代，新家风
——继承传统美德，弘扬时代风尚

线，作为父母要时时检点自己的言行，以身示范，以实际行动教育儿女廉洁自律，保持清白。

第一，要管住自己的嘴。说说讲讲、吃吃喝喝都离不开嘴巴。祸从口出，多说无益，言多必失，少说多做。该说的说，不该说的就不要说，也不能说。有些话是法律法规明令禁止的，如保密法规定的关系国家和单位利益和安全的话，那是绝对不能说的。说话要有谱、要算数，不能信口开河、胡乱许诺。吃吃喝喝更要注意，不要沉迷于应酬，在花天酒地中浑浑噩噩、碌碌无为，更不能为口舌之欲身陷腐败的陷阱，要管住自己的嘴，拒绝吃吃喝喝，保持清正廉洁。

第二，要管住自己的手。第一次往往都是从小恩小惠开始，若不警惕，轻易伸手去拿，自己的防线就会被摧毁，被对方步步紧逼、步步占领。伸手拿了的人，不仅脏了手，还会脏了心。清白持家，就必须要管住自己的手。还要管住自己的腿，不该去的场所绝不去；不该干的事情也一定不去干。常怀警惕之心，才能有底气地用一双清白的手，向歪风邪气说"不"。

第三，要守紧家门，绝不开"后门"。许多家庭毁就毁在"后门"上，许多家庭贪赃受贿、腐败堕落，究其原因，不是"前门"没把住，而是"后门"没关紧，或者干脆"前门""后门"一起开。而郑培民在自己把好"前门"的同时，家人也为他严守住了"后门"，所以他的清白家风，从未染尘。智慧的家庭都应当像郑培民和杨力求那样，守紧家门，不开"后门"，将送钱、送物、送各种"错误"的人拒之门外，以防止腐化堕落，这样才能"正气在胸，则百邪不敢犯校"，保持清白家风。

5

互相监督，让廉洁成为家庭习惯

一个家庭要保持廉洁和清白，互相监督、互相督促非常重要。"一人不廉，全家不圆"，只有全家一起，互相监督、互相提醒、互帮互助，共同守住家庭"廉洁门"、筑牢反腐"廉洁墙"，让廉洁成为家庭习惯，共同建设廉洁之家，才能保障家庭平安永久，幸福绵长。如果做不到这一点，廉洁之家很可能就会成为一句空话。

自古贤良出廉家，如果家庭里人人都远贪拒腐，特别是夫妻之间，互相监督、互相督促、互相提醒、共同拒腐，让廉洁成为家庭习惯，那么，家庭廉洁就成为可能，清廉家风也得以形成。相反，如果夫妻之间不仅不助廉，反而帮腐，那么，最终只会导致家破人亡的悲惨结局。

清白廉洁的家风，是祖上遗风、子孙承继传承而来的，是父子同心、夫妻相助守护而来的，是全家齐心、个个清白塑造而成的。要每一个家人都坚守"廉洁"，把"清白"装进心间，自觉抵御物质的诱惑，抗拒名利的侵袭，释放出人格的纯净、道德的高尚以及俭素淡定的清雅情怀，化解人性的贪婪、势利、奢侈、市侩和腐败，保持廉洁、节俭、正直和无私的品格，保持纯洁、从容、淡定的内心，使整个家庭都清清爽爽、干干净净。

这就需要家庭中的每一个人都从小事做起，从自己做起，夫妻同心、儿女助阵，团结一心、齐心协力，需要互相监督、互相提醒、互相

新时代，新家风
——继承传统美德，弘扬时代风尚

帮助、互相配合，共同抵御腐败的侵袭。养成家庭廉洁习惯，铸成清白廉洁家风。

首先，一家之长要管好自己、管好家人，带头创建廉洁家庭。拒腐，一个人做到并不难，难的是一家人都能做到。"正人先正己"，廉家先自廉，只要家长本身够"硬"，意志坚定，作风过硬，家庭成员即使再贪婪成性，也自会收敛三分。一个严格要求自己、清正廉洁的官员，其家人多半也能做到安分守己。一个贪婪心强，利用手中权力大肆谋取私利的官员，其家人自然而然也会跟着掺和进来，腐败成风。一个热爱家庭，珍爱亲情，以家庭的幸福、家人的平安为己任的"家长"，一定要自觉做到廉洁自律，培养良好家风，严于律己，身体力行。一家之长自己做好了，做好榜样，就能通过示范和榜样带出好的家风，就能减少腐败的发生。

家长严格自律，是家庭廉洁的关键。自己带好头，做模范，才能影响家庭的每一个成员，促进大家养成廉洁习惯，建设廉洁家庭。

其次，配偶要杜绝帮腐，坚决助廉。配偶是家庭清廉的重要防线。配偶助廉，当个"廉内助"，家庭一定可以廉洁。妻贤与妻贪，导致的后果可谓"泾渭分明"！每一个清廉正直的人背后，一定有一个贤惠、大义、体贴的贤惠妻子！范晔在《后汉书·列女传》中记载了这个高洁、睿智、贤惠的"乐羊子妻"的故事。

河南乐羊子之妻者，不知何氏之女也。羊子尝行路，得遗金一饼，还以与妻，妻曰："妾闻志士不饮盗泉之水，廉者不受嗟来之食，况拾遗求利，以污其行乎！"羊子大惭，乃捐金于野，而远寻师学。一年来归，妻跪问其故，羊子曰："久行怀思，无它异也。"妻乃引刀趋机而言曰："此织生自蚕茧，成于机杼，一丝而累，以至于寸，累寸不已，遂成丈匹。

第九章　一身清白，两袖清风
——弘扬廉洁美德，塑造清廉家风

今若断斯织也，则捐失成功，稽废时月。夫子积学，当日知其所亡，以就懿德。若中道而归，何异断斯织乎？"羊子感其言，复还终业，遂七年不反。

乐羊子妻用自己的睿智和贤惠，留下了"贤妻"的美名，也为后世的妻子做出了守廉、助廉、树立廉洁家风的表率。

后世像这样深明大义的贤妻也多不胜数。如唐太宗李世民之妻长孙皇后，清廉无私，深明大义，为后世树立了贤妻良母的典范；明代的开国皇后马皇后，也是一位母仪天下、贤德仁厚的千古贤后。马皇后跟着朱元璋南征北战，受尽苦头。朱元璋称帝后，想大封她娘家的亲属，她却坚决反对；再如当代党的好干部郑培民的妻子杨力求，也是一个"廉内助"的典范。

配偶助廉，有一个"廉内助"，家庭一定可以廉洁；配偶帮腐，家中有个"贪内助"，想要廉洁几乎不可能。这样的例子数不胜数。家中有个"廉内助"，就等于安装了一道"防贪门"。俗话说："妻贤夫祸少。"家有贤妻，是丈夫最大的福分。有这样的好妻子，有这样的贤内助，丈夫又怎么可能会因腐败而生祸，而家庭又怎么会败了清廉的家风？家庭里有一个好的廉洁清正的氛围，有正直廉洁的家人监督和提醒，必然能促使领导干部自重、自省、自警、自励；家属不收非分之礼，少吹腐败的枕边风，多敲廉洁的枕边钟，相互监督和提醒，丈夫守"前门"，妻子守"后门"，从严治家，就可以将腐败关在家门外。

233

新时代，新家风
——继承传统美德，弘扬时代风尚

6

家风清廉，幸福永远

一个廉洁的家庭，必然有良好的家风。有了良好的家风，一些行贿、受贿的行为不需要提醒，本能地就拒绝了；没有良好的家风，说了也没用，管了也无效。因此要保护家庭不受腐败的侵蚀，操持廉洁，打造廉洁的家风必不可少。大凡家风不正的家庭，都很容易出贪官，并且导致其作风不正、政风不正、党风不正；大凡作风廉洁的干部大多都有良好的家风，因为良好的家风会促进其养成廉洁的作风，造就清廉的家风，永保家庭的幸福和安康。

贪腐之家，不论开始的时候有多么风光、多么富贵、多么让人艳羡，也终究免不了最终的凄惨结局。这样的家庭，是绝对不可能幸福永远的。"一人不廉，全家不圆"，只要放出贪心，放任欲望，与贪污染上，与腐败沾边，家庭就不可能持久兴旺，更别说世代绵延，诸多因腐败而破碎的家庭惨剧足以让我们警醒。

只有廉洁之家，才能幸福永远。所以，不论家里人官多大位多高，不管家庭多么显赫、多么威风，都一定要保持清廉家风才行。家中的亲人，都要合力互帮互爱、互促互进，创建一个廉洁奉公、清清白白的家庭，才能真正平安长久、幸福永远。

第十章 以德为先，修身自立

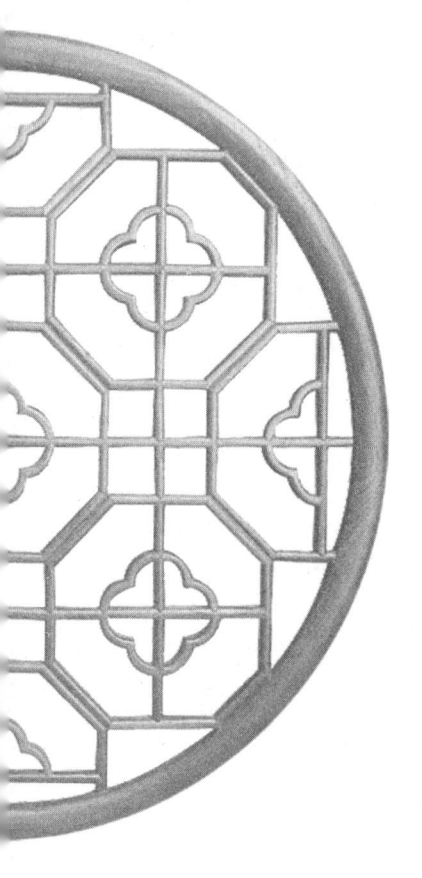

弘扬当代「四德」，建设良好家风

家风建设是全家人共同的事情，只有每一个家庭成员都从自己做起，遵守社会公德、重视家庭美德、恪守职业道德、提升个人道德，成为一个品性优秀、德行高尚的人，才能促进整个家庭道德水平的提升，塑造良好家风，并以家风促进党风、政风和民风、世风的建设，共建一个风清气正的社会。

第十章 以德为先，修身自立
——弘扬当代"四德"，建设良好家风

1 响应中央号召，重视家风建设

家风，是融化在家族子孙血液中的气质，是沉淀在子孙骨髓里的品格，是立世做人的风范，是工作生活的格调；家风也是民风、社风的根基，是社会和谐的基础。家风好，则族风好；民风好，则世风好。党员干部的家风，更是反映党风和社会风气的一个重要"窗口"，是党风廉政建设的"晴雨表"。在群众眼中，党员干部的家庭与干部个人是一个整体，党员干部家风好坏、其配偶子女在社会上的言行举止等，直接决定着干部和干部队伍在群众心目中的形象。家风正，则政风清、党风端。因此，党和国家高度重视家庭家教和家风建设。习近平总书记就曾多次强调家风建设对于党风、政风的重要性，号召全党全国要重视家庭、家教和家风建设，提升社会道德。

早在2013年，习近平总书记在同全国妇联新一届领导班子成员集体谈话时就强调，发挥妇女在弘扬中华民族家庭美德、树立良好家风方面的独特作用，这关系到家庭和睦，关系到社会和谐，关系到下一代健康成长。"千千万万个家庭的家风好，子女教育得好，社会风气好才有基础。"

2015年2月17日，习近平总书记在2015年春节团拜会上指出："家庭是社会的基本细胞，是人生的第一所学校。不论时代发生多大变化，

新时代，新家风
——继承传统美德，弘扬时代风尚

不论生活格局发生多大变化，我们都要重视家庭建设，注重家庭、注重家教、注重家风，紧密结合培育和弘扬社会主义核心价值观，发扬光大中华民族传统家庭美德，促进家庭和睦，促进亲人相亲相爱，促进下一代健康成长，促进老年人老有所养，使千千万万个家庭成为国家发展、民族进步、社会和谐的重要基点。"

2015年2月27日，习近平总书记在主持召开中央全面深化改革领导小组第十次会议时强调："领导干部的家风，不是个人小事、家庭私事，而是领导干部作风的重要表现。"

2015年10月29日，习近平总书记在党的十八届五中全会第二次全体会议上讲话，要求广大党员干部："要做到廉以修身、廉以持家，培育良好家风，教育督促亲属子女和身边工作人员走正道。"

2016年1月12日，习近平总书记在中共第十八届中央纪律检查委员会第六次全体会议上指出："在培育良好家风方面，老一辈革命家为我们作出了榜样。每一位领导干部都要把家风建设摆在重要位置，廉洁修身、廉洁齐家，在管好自己的同时，严格要求配偶、子女和身边工作人员。"

2016年12月12日，习近平总书记在会见第一届全国文明家庭代表时的讲话中再次强调："家风是社会风气的重要组成部分。家庭不只是人们身体的住处，更是人们心灵的归宿。家风好，就能家道兴盛、和顺美满；家风差，难免殃及子孙、贻害社会，正所谓'积善之家，必有余庆；积不善之家，必有余殃'。"

2022年6月8日，习近平总书记在四川省眉山市考察时指出："家风家教是一个家庭最宝贵的财富，是留给子孙后代最好的遗产。要推动全社会注重家庭家教家风建设，激励子孙后代增强家国情怀，努力成长为对国家、对社会有用之才。党员、干部特别是领导干部要清白做人、

第十章　以德为先，修身自立
——弘扬当代"四德"，建设良好家风

勤俭齐家、干净做事、廉洁从政，管好自己和家人，涵养新时代共产党人的良好家风。"

习近平总书记这些关于家庭家教家风建设的重要论述，为新时代的家风建设指明了方向，提供了根本遵循，也为新时代的家风建设注入了强大的活力，在全社会掀起了家庭家教家风建设的热潮。

相关部门在全国发出了加强家庭家教家风建设的号召，并在众多文件中对新时代家庭家教家风建设做出具体规定，提出具体要求。

2015年10月，"齐家"首次被列入党内规章，《中国共产党廉洁自律准则》第八条明确要求，党员领导干部要"廉洁齐家，自觉带头树立良好家风"。

2016年1月实施的《中国共产党纪律处分条例》以专门条文明确：党员领导干部不重视家风建设、对配偶、子女及其配偶失管失教属于违纪行为，并做出了进一步规范领导干部配偶、子女及其配偶经商办企业行为的规定。

2016年10月，党的十八届六中全会审议通过的《关于新形势下党内政治生活的若干准则》中要求："领导干部特别是高级干部必须注重家庭、家教、家风，教育管理好亲属和身边工作人员""禁止利用职权或影响力为家属亲友谋求特殊照顾，禁止领导干部家属亲友插手领导干部职权范围内的工作、插手人事安排。"

2016年10月通过的《中国共产党党内监督条例》第十四条规定：中央政治局委员要"带头树立良好家风，加强对亲属和身边工作人员的教育和约束，严格要求配偶、子女及其配偶不得违规经商办企业，不得违规任职、兼职取酬"。

新时代，新家风
——继承传统美德，弘扬时代风尚

2019年10月，党的十九届四中全会提出"注重发挥家庭家教家风在基层社会治理中的重要作用"。

2021年7月，中宣部、中央文明办等七部门联合印发的《关于进一步加强家庭家教家风建设的实施意见》，以建设文明家庭、实施科学家教、传承优良家风为重点，强化党员和领导干部家风建设，推动家庭家教家风建设高质量发展，为推动家庭家教家风建设高质量发展提供了指引。

2021年11月，党的十九届六中全会将"注重家庭家教家风建设"写入《中共中央关于党的百年奋斗重大成就和历史经验的决议》。

2022年2月，中共中央办公厅印发的《关于加强新时代廉洁文化建设的意见》明确要求"把家风建设作为领导干部作风建设重要内容"。

这些政策、法规的密集出台，使家庭家教家风建设工作制度化、规范化、常态化开展，推动了社会主义核心价值观在家庭落地生根，为形成社会主义家庭文明新风尚奠定了坚实基础，使千千万万个家庭成为国家发展、民族进步、社会和谐的重要基点。

党员、干部特别是领导干部要始终保持共产党人的高尚品格和廉洁操守，把家风建设摆在重要位置，遵守党纪国法，明大德、守公德、严私德，清白做人、勤俭齐家、干净做事，涵养新时代共产党人的良好家风，努力作家风建设的表率。

作为中国近五亿个家庭中的一个，我们每一个家庭都有责任也有义务响应中央号召，积极建设和培育良好家风，从传统文化中汲取营养，把勤俭节约、爱岗敬业、忠厚善良、清正廉洁、诚信仁爱、礼仪周到的家风继承和发扬下去，塑造优良的家风。

第十章 以德为先，修身自立
——弘扬当代"四德"，建设良好家风

2 履行社会公德，遵纪守法，明礼知耻

社会公德是指在人类长期社会实践中逐渐形成的，要求每个社会公民在履行社会义务或涉及社会公众利益的活动中应当遵循的道德准则。社会公德作为人类社会生活中最起码、最简单的行为准则，是人们为了维护整个社会的利益而约定俗成的应该做什么和不应该做什么的行为规范。遵守社会公德是维护社会公共生活正常秩序的必要条件，也是成为一个有道德的人的最基本要求，更是良好家风的前提和基础。

新时代社会公德的主要内容包括文明礼貌、助人为乐、爱护公物、保护环境和遵纪守法五大方面。

1. 文明礼貌

文明礼貌是中华民族最优秀的传统之一，也是家庭和社会秩序最基本的规范，是几千年传承下来的传统美德。从古至今，礼仪都是社会公共生活中人与人之间和谐相处的基本前提，是为人处事最起码的要求。

文明礼貌是心底的涵养，而不是表面的功夫。社会公共生活中人与人之间应该和谐相处，举止文明以礼相待。有些人总是把文明礼仪作为社交活动中的一种需要、一种方式，甚至一种道貌岸然的表面功夫，他们可以在与宾客相处时彬彬有礼，送走宾客后马上又露出粗俗可鄙的本来面目，这种"礼"与其说是礼貌，倒不如说是一种表演，反令人讨

厌。文明礼貌要做到不管对任何人、在任何地方、做任何事情，都是一样的从容和优雅，都像呼吸一样自然而然，而不是表演或表现。

一个真正懂得文明礼貌、讲究礼仪的人，一定是懂得从心里尊敬他人的人，也必定会赢得社会和他人的尊敬和认可。人人讲文明、有礼貌，践行礼仪，塑造知礼、守礼好家风，整个社会文明程度就会不断提高，就会创造一个更加和谐美好的社会主义社会。

2. 助人为乐

这项公德与我们前面讲过的仁善家风是一脉相承的。助人为乐，通俗地说，就是将心比心、推己及人，多为他人着想。帮助别人，也能快乐自己。现实生活中不可能人人都时时快乐、事事顺心，难免会遇到这样和那样的困难和问题，总有需要人帮助、救济的时候。这就需要人们之间互相帮助。对不法行为，每个公民都应当分清是非、挺身而出，都有责任和义务自觉维护社会治安。社会公德就要求每一个公民都关心体贴他人，在他人急需的时候，能主动热情地给予帮助和照顾。急人之急，帮人之苦，忧人之忧，救人之危，这是人际交往中的一种高尚行为，是社会公德的要求，也是中华民族的传统美德，无论在什么时候我们都应该保持和发扬。

3. 爱护公共财物

爱护公共财物是社会公德极其重要的内容。尤其在公共场合更要注意这一点，要爱护公物，更要保护公共财产不受侵犯。

公物，包括所有的公共设施，是属于集体、属于大家的。它是人民群众辛勤劳动的成果和血汗的结晶，热爱公共财产是尊重他人劳动的表现，也是热爱集体、热爱社会大家庭的表现。爱护公物是每个人都应该具备的一种基本美德。

比如小区里的露天健身器材、公交车上的小扇子、公园内的雨伞

第十章 以德为先，修身自立
——弘扬当代"四德"，建设良好家风

出借、路边的共享单车，还有电话亭、路灯及公用充电设施、交通设施等……如今，许多公共场所都配备便民用品，给市民带来了方便。然而，一些市民在使用这些便民公物时，往往"不拘小节"，不知爱护，随意损坏，甚至顺手牵羊。这些不文明行为不仅使公物受损缺失，便民服务难以为继，而且影响了城市的形象。对公共场所提供的便民用品，或胡乱使用、或随手拿走、或借了不还，看似微不足道，但反映出人的文明素质问题，是社会公德意识问题。

对待公共财物是爱护、保护，还是浪费、破坏，是一个公民有没有社会主义公德的反映。每个公民都应该自觉爱护公共财物，不占用公家的财物，不化公为私；要爱护公共设施，使其为更多的人服务；要敢于同侵占、损害、破坏公共财物的行为做斗争，对随意破坏、损害公共设施的行为不能无动于衷、视而不见、见而不问。

在家庭里，也要经常给孩子灌输这样的理念，让孩子从小养成良好的公德意识。与人方便，与己方便。大凡关乎公德的事都是如此。约束自己，给别人留下方便，是高尚的、可贵的。多为他人着想、给他人创造方便，我们的社会就会更和谐、更美好。

4. 保护环境

为了保持社会公共生活的环境整洁、舒适和干净，保障社会成员的身体健康，每个公民都应当讲究公共卫生、保护生活环境，这也是社会公共生活中人们应当遵循的最基本的行为规范。但还是有很多人意识不到这一点。家长要经常引导和教育孩子，从小树立"保护环境，人人有责"的观念，从自己做起，从身边的小事做起，努力养成有利于环境保护的生活习惯和行为方式，如自觉节约能源，反对浪费，不乱倒垃圾、污水，不损坏各类环境卫生设施等。此外，还应积极参加植树造林，保护绿化成果，让孩子从小就有保护环境的意识，养成保护环境的习惯。

新时代，新家风
——继承传统美德，弘扬时代风尚

5. 遵纪守法

公共生活中人们要能顺利地进行社会活动，就必须要有规矩可循，必须遵循一定的行为规范。法规纪律就是这样的规范。法律是国家制定、认可的，由国家强制力保证实施的，并对我们的权利和义务有普遍约束力的社会规范。纪律是为了维护集体利益并保证工作进行而要求人们必须遵守的行为规则。正是因为有了法纪，才有了社会秩序的井井有条，才有了我们社会治安的稳定安全，也才有了一个民族的和谐规范。遵纪守法，就要求我们既要遵守组织的纪律，又要遵守国家的法律。

每个社会成员既要遵守国家颁布的有关法律、法规，也要遵守特定公共场所的有关规定，这是责任，也是义务，更是一个人基本的社会公德。人们只有依照法律、法规及纪律的有关规定行事，才不妨碍他人的正常活动，才不会给社会和他人造成损失和伤害，保持社会公共生活相对稳定与和谐，并保证社会的健康发展。

国无法不治，民无法不立。人人守法纪，凡事依法纪，则社会安宁，经济发展。倘若没有法纪的规范，失去法度的控制，各项秩序就无从保证，人们生存、发展的环境就会遭到破坏，人民群众就不可能安居乐业。家庭中要教育每个家庭成员自觉提高法律意识、增强法纪观念，自觉用法纪来指导和约束自己的行为，履行法纪规定的义务，敢于并善于运用法律武器同各种违法乱纪现象做斗争，并正确运用法纪手段保护自己的合法权益不受侵犯，真正做到知纪懂法、遵纪守法，塑造知法、守法的好家风。

社会公德是最起码、最简单的公共生活规则。它代表全社会的共同利益，代表全体社会成员对生活的共同要求。每一个人都希望生活得更安宁、更幸福、更和谐，就需要每一个人都遵守社会公德，遵守社会所公认的公共生活秩序和准则。

第十章　以德为先，修身自立
——弘扬当代"四德"，建设良好家风

家庭是社会的细胞，每个人都是社会的一员，每一个父母都有义务按照社会主义公德的要求，塑造良好家风，引导孩子遵纪守法、文明礼貌、助人为乐、爱护公物、保护环境，教育子女遵守社会公德，成为一个有道德、守公德的好公民。

3

恪守职业道德，爱岗敬业，奉献社会

职业道德，指从事各种职业活动的人员，按照岗位要求和职业特征应该或必须遵守的行为准则和行为规范。每一种职业又有各自的职业道德。如老师要为人师表，法官要惩恶扬善，医生要救死扶伤，记者要客观公正，经商要诚实守信……不管从事什么职业，首先都要遵守职业道德。职业道德包括爱岗敬业、诚实守信、办事公道、热情服务、奉献社会等。

1. 爱岗敬业

爱岗敬业是全社会大力提倡的职业道德行为准则，也是国家对所有职业行为的共同规定，是对人们工作态度和职业素养的一种普遍要求。爱岗敬业的涵义包括两个要素：爱岗和敬业。爱岗就是热爱自己的工作岗位、热爱本职工作，能为做好本职工作尽心尽力；敬业就是以恭敬严肃的态度对待自己的职业。

爱岗敬业是一种普遍的奉献精神，这种精神，看似平凡，却能成就不平凡的业绩。爱岗敬业的实质就是脚踏实地，真抓实干，一步一个脚印地做好工作。每一份工作都需要全心全意、全情投入，才能做好。没有随随便便就能做好的事情，只有仔细思考、周密准备、态度认真，才能有所成就。

在家庭中，父母要有爱岗敬业精神，不管从事什么职业，要在家庭中树立"岗位没有高低，工作没有好坏"的观念，不管做什么工作，只要是在自己既得的工作岗位上认真负责、尽心尽力，遵守职业道德，家庭成员相互鼓励、相互支持各自的工作，尽一切可能为工作创造更好的条件，把工作做好，给孩子树立一个好榜样，塑造敬业爱岗的好家风。

2. 诚实守信

诚实守信包括"诚实"和"守信"两方面意思。所谓"诚实"，就是说老实话、办老实事，不弄虚作假，不隐瞒欺骗，不自欺欺人，表里如一；所谓"守信"，就是要"讲信用""守诺言"，也就是要"言而有信""诚实不欺"等。前面我们说的诚信家风中，也是这些内容。所以抓职业道德也可以促进诚信家风的建设，反过来，诚信家风无疑也会对诚信的职业道德养成大有裨益。

做人、做事都要讲信用，坑蒙拐骗只能欺骗一时，终归被人唾弃。朋友交往要讲诚信，生意往来更要讲诚信，谎话、瞎话只会让你失去朋友和工作。诚信是做人之本，更是立业之本。

在公民道德建设中，把"诚实守信"融入职业生涯的各个领域和各个方面，使各行各业的从业人员，都能在各自的职业中，培养诚实守信的观念，忠诚于自己从事的职业，信守自己的承诺。不论从事任何职业，我们都要把"诚实守信"融入职业生涯的具体要求，使其成为一切职业生涯的"立足点"。在家庭中，更要说真话、办实事、守承诺，对孩子言出必行、说话算话，教给孩子诚实守信的道理，培养孩子诚实守信的习惯，建设诚信守诺的良好家风。

3. 办事公道

办事公道是指从业人员在办事情处理问题时，要站在公正的立场上，按照同一标准和同一原则办事的职业道德规范。

公道是几千年来为人所称道的美德之一，也是社会安宁、秩序井然的前提。"不患寡而患不均"，不公平的待遇是最让人接受不了的。因此公道办事一直是全社会共同追求的重要办事原则。

办事人员在处理公务时，要公平对待、一视同仁，不论职位高低、关系亲疏，一律以同样的态度热情服务，一律按照规章、制度、法律办事，该解决的就解决，该怎么办的就怎么办，绝不搞拉关系、走"后门"那一套，绝不以关系远近来做事情。办事公道也不是在当事人中间搞折中，不是各打五十大板，而是不论对什么人，都要坚持正确的原则。

办事公道更不是对手中掌握一定权力的人才有要求，对于每一个从业者，也都存在着办事公道的问题。办事公道是职业人应具备的品质。这不仅是社会主义职业道德的要求，也是市场竞争条件下企业生存和发展的要求。因此，每个从业人员都要自觉地把国家和企业的利益放在第一位，出色地完成本职工作。不能为了个人私利而损害国家和企业的利益，丧失原则，徇私情、谋私利，坑害国家、坑害集体，更不能在家庭中给孩子带这样的头，做这样的榜样，带坏孩子也带坏家风。

要任何时候都坚持实事求是的原则，坚持真理、秉公办事；任何时候都坚持公私分明，不以私害公、因公谋私，占小便宜、捞小好处也不可以；要公平公正，按照原则办事，任何时候不徇私情、不讲人情；要分清是非、公道办事。不管是在职场还是在家庭，都要有这样的理念和行为，给孩子树立良好的榜样。

4. 热情服务

热情服务，就是全心全意地为群众服务，一切以群众的利益为出发点和归宿。在社会主义社会，人人都是"服务员"，人人都是服务对象，不管从事什么样的工作，都要抱有"热情服务"的心态，认认真真做好自己的工作。

热情服务是每个行业职业道德的基本要求。它要求我们心中有群

第十章 以德为先，修身自立
——弘扬当代"四德"，建设良好家风

众，处处方便群众，自觉接受群众的监督。我们无论从事哪一门职业，无论是在政府机关、国有企业、集体企业还是个人企业，都应该把我们的职业活动同群众的需要联系起来，通过我们的服务来满足社会各个行业及其成员的需要，同时也从各行各业的服务中得到自己所需要的东西。各行各业都是"互相服务"的关系，只有我们尽心尽力地为别人服务，才能得到他人真诚的回报，正所谓"我为人人，人人为我"，时刻为群众着想，热情为群众服务，我们才能享受到崇高的职业荣誉感和幸福感。

5. 奉献社会

"奉献"指满怀感情地为他人服务，作出贡献，是不计回报的无偿服务，是社会责任感的集中表现。奉献社会，是一种无私忘我的精神，是职业道德的最高境界，是每个从业者职业道德修养的最终目标。

奉献社会表现在职业中，需要的是对事业的奉献精神，奉献精神是一种大爱，是对自己事业不求回报的爱和全身心的付出。对个人而言，就是要在这份爱的召唤之下，把本职工作当成一项事业来热爱和完成，从点点滴滴中寻找乐趣；努力做好每一件事、善待每一个人，全心全意为工作服务。

奉献社会不是一句简单的口号，它是每一个人履行职责的写照，是每一个人具体行动的表现，它需要耐心、信心、恒心、决心，它体现了公而忘私、先人后己的集体主义精神，是一种高尚人格和美好情操。

职业道德是整个社会道德的主要内容。职业道德一方面涉及每个从业者如何对待职业，如何对待工作，另一方面也是一个从业人员的生活态度、价值观念的表现。职业人作为当代家庭的顶梁柱，其思想、行为、意识、态度都深刻地影响着家庭，影响着子女，也影响着家教和家风。作为父母，又是职业人，只有具备优良的职业道德，坚守爱岗敬业、

249

新时代，新家风
　　——继承传统美德，弘扬时代风尚

诚实守信、办事公道、服务群众、奉献社会的职业理念，切实践行，做一个爱岗敬业、谨守职业道德的好家长，让自己的言行无声无息地影响孩子，塑造良好家风。

第十章　以德为先，修身自立
——弘扬当代"四德"，建设良好家风

4

弘扬家庭美德，助力家风建设

家庭是社会的"细胞"，是构成人类社会延续、发展的基本要素。家庭美德不仅对家庭幸福和家风建设起着至关重要的作用，而且对社会也具有强烈辐射功能。家庭成员也是社会成员。家庭成员的道德意识和文明行为，对社会公德和职业道德的形成与维护有着重要的影响和作用，也直接关系到整个社会的安定和文明。因此，家庭美德是社会稳定、经济发展的基石。社会的稳定和发展，有赖于家庭的稳定和文明。

家庭美德的基本内容是：尊老爱幼、男女平等、夫妻和睦、勤俭持家、邻里互助。这其实与我们前面所说的家风的塑造有很多都是一样的。家庭美德是每个公民在家庭生活中应该遵循的行为准则，是调节家庭内部成员和家庭生活密切相关的人际交往关系的行为规范，涵盖了夫妻、长幼、邻里之间的关系。个人生活的幸福与否，不仅与社会的文明进步相关，还与是否拥有一个和睦、温馨的家庭密切相关；反过来讲，家庭美德，不仅关系到每个家庭的美满幸福，也有利于社会的安定和谐。

1. 尊老爱幼

弘扬家庭美德，建立和谐家庭，家中首先要有尊老爱幼的理念，树立起尊重老人、爱护幼小的社会风气。爱幼，是天性使然，一般的人都能做到爱幼；而尊老，更需要时时提醒自己，及时行孝。子女要尽赡养义务，除了在经济上接济和赡养老人外，更重要的是要尽心尽力满足

新时代，新家风
——继承传统美德，弘扬时代风尚

父母在精神生活、情感方面的需求。这种精神赡养包括子女与老人和睦相处、子女对老人的理解、尊重和给予感情上的慰藉。

父亲节的时候，你给爸爸买个小礼物，亲自给送去，爸爸会乐得嘴都合不上；母亲节的时候，给妈妈买一双袜子，亲自给妈妈穿上，她眼睛里也会含着感动的泪水。就像《常回家看看》里唱的那样："找点空闲，找点时间，领着孩子，常回家看看；带上笑容，带上祝愿，陪同爱人，常回家看看；妈妈准备了一些唠叨，爸爸张罗了一桌好饭，生活的烦恼跟妈妈说说，工作的事情向爸爸谈谈。"这就是父母对我们温暖的渴求，父母其实很容易满足。我们对父母的孝心，只需要这样细微的行动，时刻把父母惦在心里就行。即便父母真的有一天要乘鹤西去了，我们也会少很多遗憾。

我们自己恪尽孝道，也会给孩子做好榜样，让孝道美德代代相传，孝道家风绵延不绝。

当然还需要把尊老爱幼的美德推及社会，"老吾老以及人之老，幼吾幼以及人之幼"，像对待自己的父母一样对待所有的老人，像对待自己的孩子一样对待所有孩子，尊老爱幼，友善厚道，以美好的家风引导孩子、教育孩子，社会也能因我们而更美好。

2. 夫妻恩爱

从家庭美德的角度来说，夫妻恩爱更多的是指夫妻间的相互忠诚，坦诚相待，真诚以对，不欺不瞒。这是夫妻和睦恩爱的关键，也是建立美满幸福家庭生活的关键。

对婚姻的忠诚，是夫妻恩爱的重要前提。许多夫妻是因为有不忠行为，导致夫妻反目，婚姻解体。这是一种极为伤害夫妻感情、破坏家庭关系、伤害孩子也影响家风的不道德行为。夫妻之间有相互忠诚的义务，既然在婚姻关系存续期间，就必须对对方忠诚。这是婚姻法的规定，也是基本的家庭道德。如果这一点都守不住，就会给孩子带来一生的阴影，也给孩子做了不该有的示范，良好家风从何说起？所以相互忠诚，一定是夫妻恩爱不可或缺的前提，也是美好婚姻、幸福家庭、优良家风的前提。

夫妻间相互忠诚，就要坦诚相对、真心相待，如果不诚实、不信任、互相欺骗，感情也不可能长远，也不可能和睦恩爱。

3. 勤俭持家

勤俭持家，是中华民族的传统美德。古有"一粥一饭，当思来之不易；半丝半缕，恒念物力维艰"的古训。勤俭持家，就是以勤劳节俭的精神操持家务。俗话说得好："只勤不俭，好比端个没底的碗，总也盛不满；只俭不勤，坐吃山空，也必定会受穷挨饿。"可见，勤劳俭朴是一种立身、立家、立业的美德，两者既有区别，又彼此相互依存、缺一不可。

4. 邻里互助

邻里关系是社会生活的基础，是社会稳定的基础，邻里关系是每个人都不可脱离的社会关系。"远亲不如近邻"，还有"邻里好，赛金宝""昔孟母，择邻处"……这些脍炙人口的俗语、故事都在描绘着邻居的重要。在今天，和睦相处的邻里关系是建设和谐的小康社会的需要。没有和睦友好稳定的社区环境，我们的社会也很难谈得上是个和谐的社会。

邻居间的相互关爱、互相帮助，是一种美德，无论是平常的生活中，还是在突发事件中，有困难了最能救急的就是邻居。邻居是生活中接触最多的人，相处时间较长，少则几年，多则十几年、甚至几十年，很多

新时代，新家风
——继承传统美德，弘扬时代风尚

人都已逐渐建立起深厚的友谊和感情。邻居家有了困难，都会积极地、无私地予以帮助；邻居家有人生病，都会尽力地热情地给予关照；长者关怀爱护邻居家的孩子，孩子们更尊敬邻居家的长者；这样的邻里之情可以胜过"远亲"，甚至"亲如一家"。

总之，家庭美德既是对中华民族优秀家庭美德的继承和发展，又是对社会主义的新型家庭关系、新型家庭生活的伦理上的概括。弘扬家庭美德是每个人都应当履行的基本义务，也是塑造良好家风的重要前提之一。每一个人都要严守家庭美德，社会道德才能得到全面提升，社会才能更加和谐。

第十章 以德为先，修身自立
——弘扬当代"四德"，建设良好家风

5

修炼个人品德，做家风建设的榜样

家风建设的根本，在于家庭中的每一个人。只有家庭中的每一个都修身自律、以德为先、以和为要、文明有礼、诚实可信、勤劳节俭、宽容厚道、清白干净，家庭风气才会厚道诚信，端正清明。古人认为，"修齐治平"，修身是齐家、治国、平天下的基础和前提，"自天子以至于庶人，壹是皆以修身为本"。

《礼记·大学》中说："古之欲明明德于天下者，先治其国；欲治其国者，先齐其家；欲齐其家者，先修其身；欲修其身者，先正其心；欲正其心者，先诚其意；欲诚其意者，先致其知，致知在格物。物格而后知至，知至而后意诚，意诚而后心正，心正而后身修，身修而后家齐，家齐而后国治，国治而后天下平。自天子以至于庶人，壹是皆以修身为本。"

意思是古代那些要想在天下弘扬至善之德的人，必先治理自己的国家；要治理好自己的国家，必先管好自己的家庭；要想管好自己的家庭，必先修养自身的品德；要修养自身的品德，必先端正自己的心思；要端正自己的心思，必先使自己的意念真诚；要使自己的意念真诚，必先使自己学到知识；学到知识的方法在于探究世间万物之理。通过对世间万物的探究学到知识；学到知识后意念才能真诚；意念真诚后心思才能端正；心思端正后才能修养品德；品德修养后才能管好家庭；管好家

新时代，新家风
——继承传统美德，弘扬时代风尚

庭后才能治理国家；治理国家后天下才能太平。上至居庙堂之高的天子，下至处江湖之远的平民，人人都以修养自身品德为根本。

不管是格物、致知、正心、诚意，还是齐家、治国、平天下，一切皆以修身为本。建设新时代的家风，同样以修身为本，以家庭中的每一个人修身自律、提升个人道德水平为本。

家庭中父母要做到修身进德，严格自律，修炼自身品性，做好家风表率。特别是一家之长，作为家庭的核心成员，主导着家风建设，一言一行都对优良家风形成有举足轻重的作用。家风不正的人家，家长的品德也都不正。而家风严整、规矩严格的家庭，家长也一定是身正行端、清廉高洁之人。因而家长一定要时刻注意修炼自己的个人品德，做好家风建设的榜样，要求孩子做到的自己先做到，"打铁必须自身硬"，只有自己行得正、走得直，才能作子女们的表率，能塑造出真正良好的家风。

1. 要有规矩意识

规矩意识就是要懂规矩、讲规矩、守规矩。俗话说"无规矩不成方圆"，遵纪守法、遵守社会公德、恪守职业道德、坚守家庭美德，都是守规矩的表现。

家庭中也经常看到，大人责备小孩说："这孩子一点规矩也不懂。"小孩是无辜的，他本来就不懂，责任在大人。小孩子的可塑性是很强的，用什么模型浇铸出来的就是什么形状，说得通俗一点就是父母要他圆就圆，要他扁就扁。因此父母要注重给孩子良好的引导，强化传统美德、行为规范及规矩内容实质性教育，要孩子懂规矩、知礼数，坐有坐相、站有站相、举止文明、为人端正，成为"有规矩、懂规矩、守规矩"的人，促进优良家风的建设。

第十章　以德为先，修身自立
——弘扬当代"四德"，建设良好家风

2. 注重良好习惯的修养

家长是全家的典范，家长的习惯会深刻地影响全家人的习惯。比如早睡早起、乐于助人、待人接物亲切随和、对待别人宽容厚道、律己严格、礼仪周全……都是平常养成的好习惯，而这样的好习惯又能让一个人的修养全面提升，道德水平也得到提高，成为一个有教养、有风度的人。这样的好习惯，会不声不响地影响家庭，塑造良好的家风，也让自己从中受益。

有一个大学毕业生去一家有名的大公司应聘，笔试成绩并不理想，在进入面试中人员的倒数几名。他的前面有很多人，叫到谁，谁就进屋去面试。叫到他时，他在门口敲了敲门问："我可以进来吗？"听到经理说"可以。"他才进去。可一进门，他就看到地上有一个很明显的废纸团，他马上捡起来把纸团丢进了旁边的垃圾桶。

几天后，他竟然被聘用了，他很高兴，知道这样的机会实属难得。入职后他在面试他的经理手下工作，勤奋努力、踏实肯干，很得经理赏识。有一次闲聊时他问经理，当初他的笔试成绩并不好，为什么会录用他。经理说："说老实话，你哪一条都不比别人强，但你进房时敲了门，接着又把废纸捡起丢进了垃圾桶。敲门说明你懂礼貌，捡废纸证明你有良好的教养，这是你打败其他人的原因。"

一个敲门的习惯，竟然使人成功地迈过求职应聘的门槛，可见好习惯多么重要。家长要有意识地培养好习惯，并给孩子做好榜样。在一个人成长过程中，学有榜样会起到潜移默化的作用。

3. 注重个人道德的提升

新时代的个人道德，包括爱国奉献、明礼遵规、勤劳善良、宽厚

新时代，新家风
——继承传统美德，弘扬时代风尚

正直、自强自律等内容。作为家长，要时刻提醒自己，重视这些品德的修养和提升，在家中做一个品德高尚的好榜样，才能使家风向和善的方向发展，形成良好家风。

不仅家风建设需要良好的个人道德做基础，立身处世的各个方面都需要以个人道德为前提。党的二十大报告中提出："实施公民道德建设工程，弘扬中华传统美德，加强家庭家教家风建设，加强和改进未成年人思想道德建设，推动明大德、守公德、严私德，提高人民道德水准和文明素养。""明大德、守公德、严私德"，是新时代对个人道德修养的基本要求，也是建设和谐家庭、维护社会和谐的基础。这就要求我们在道德建设中自觉以个人品德修养为起点，向内下功夫，以个人道德的提升促进社会公德、职业道德和家庭美德的提升。只有个人具备优良品德修养，才能由己及人，才能由己及家，做家风建设的榜样，建设新时代的良好家风。

6

用良好家风筑就美好党风、政风和世风

家风正则民风淳,民风淳则社稷安。建设良好家风,不仅可以促进家庭幸福美满和兴旺长久,还可以有力地促进民风、世风的转变,引领优秀的政风和党风。

家风、党风、政风和世风中,家风是基础。家风是一个家庭的精神信仰、行为方式和文化氛围;党风是党的作风,是一个党组织的理想信念和行为准则的外在表现;政风是指政治风气,也就是政府在行政和管理社会时的行业风气;世风指民间的风尚,是全社会亿万大众的信仰、风俗和习惯。每一个人背后都有一个家庭,身上都带有明显的家风的烙印,家风关系党风、连着政风、影响民风的根本风气。家风正,则党风端、政风清、民风淳;若家风不正,就有可能导致党风差、政风浊、民风劣,进而败坏社会风气,影响民族和国家的发展。家风端正、清白正直、厚道善良、勤劳节俭、诚实守信,培育出来的子孙也一定端正清白、品德高尚,成为党员一定是好党员,成为公务员则一定是好的人民公仆,在社会上也一定是民众的榜样。

家风是党风的基础,一个共产党员有良好的家风,家庭清廉正直,党员的作风也不会坏到哪里去,那么党风也就不会差;政风也不会不好,世风也会向优秀转变。因为党员干部的家风,是普通民众家风的榜样。古语有言:"官德隆,民德昌;官德毁,民德降",意思是官德是民德的

新时代，新家风
——继承传统美德，弘扬时代风尚

风向标，官德高尚，才能带动民德高尚；官德毁损，必然导致民德败坏。这是因为为官者在社会中的地位和作用，决定了"官德"建设对道德建设的影响和导向，即"官"为民之表率，"官风"决定着民风，有什么样的"官德"影响就会有什么样的民风结果。正是因为"官为民范，吏为民师"的传统，官员的道德水平直接决定着社会道德的水平，决定着公众道德的高度。

官风清廉，民风必然守正；官风奢侈，民风必然铺张；官风崇俭，民风必然俭朴。

西汉时期的汉文帝，就是以自己的俭朴作风创建了俭朴的家风，从而引领民风、带动全国上下的勤俭之风，民风也转向节俭淳朴，不喜铺张，从而创造了"文景之治"的盛世奇迹。

史载，汉文帝本来想建造一个露台，工匠们仔细地一算，对他说："不算多，一百两金子就足够了。"汉文帝听了，吃了一惊，连忙问："这一百两金子大约相当于多少户中等人家的收入？"工匠们大略地算了一下，说："中人十家产。"汉文帝一听，又摇头又摆手，说："快不要建什么露台了，现在朝廷的钱很少，老百姓的生活又很困难，还是把这些钱省下吧。"后来，露台始终没有造。

汉文帝不仅住得俭朴，起居饮食也十分俭朴。他常穿的就是普通的黑色丝袍，不着修饰。穿破了也舍不得扔，补补还穿。他还经常穿粗布衣服，生活用品很多都是前辈皇帝留下来的，自己很少去添新的，就连他宠爱的夫人也不穿华丽的衣服。在位二十三年，从没有修过宫室，添过车马。

他修建陵墓也不用金银贵重物品殉葬，只用些陶器，建筑也尽量省工。他在遗嘱中说，给他送葬不许动用车马，送葬人戴的白布孝带不

第十章 以德为先，修身自立
——弘扬当代"四德"，建设良好家风

得超过三寸。陵墓依山而建，不准起坟丘，以节省民力。

汉文帝事母至孝，每次都亲自尝了汤药再喂给母亲喝，对百姓也十分关心，经常亲自耕地种田，让皇后也去采桑养蚕。他即位不久就下令：由国家供养80岁以上的老人，每月都要发给他们米、肉和酒，90岁以上的老人，国家还要发给麻布、绸缎和丝棉。汉文帝体恤人民，采取"与民休息"的政策，避免战争以减轻农民的负担，使社会安定，形成了著名的"文景之治"的盛世。

皇帝的俭朴、孝顺、仁善，也为广大民众树立了榜样，教育了百官与百姓，使整个社会形成了良好的社会风气，可谓"爱敬尽于事亲，而德教加于百姓，刑于四海"。他由对亲人的孝、爱、敬，又延伸到对百姓的"爱亲者，不敢恶于人""敬亲者，不敢慢于人"，引领世风俭朴，民风淳厚，四海安宁，天下祥和。

"官为民之范，吏为民之师"，民风总是向官风学习的。"榜样的力量是无穷的"，越是位高权重之家，越要注意和重视建设优良的家风，因为他们的家风正是下级以及民众的榜样，他们的家风会引领整个官场、整个社会以及所有民众的家风。他们的家风更是关乎党风、连着政风、影响民风。官员的家风正，就会党风端、政风清，也就能带动清朗的民风、世风，因而党员干部的家风更为重要，党员干部要时时刻刻为社会做一个好的榜样，恪守社会公德，谨守职业道德，遵守家庭美德，修养个人品德，建设良好家风，培育优秀子孙，才能为党风、政风、世风奠下坚实的基础。党员干部有好的家风，普通民众的家风也会自然仿效，那么整个社会就能为之一清，世风也必然会清朗起来。

所以，作为一个党员，一个党的干部，或者一个普通家庭的一家之长，家庭中的一员，每一个人都应当成为家风建设的中流砥柱，成为

新时代，新家风
　　——继承传统美德，弘扬时代风尚

良好家风的带头人，创建和谐家庭，塑造忠厚善良、诚实守信、勤俭节约、谦恭有礼、清白高洁、和谐宽容的家风，并以家风促党风、引政风、端民风、领世风，带动全社会激浊扬清，促进全社会风清气正，以千千万万家庭的好家风支撑起全社会的好风气，达到党风端、民风淳、家风正的目的，共建社会主义家庭文明新风尚，使千千万万个家庭成为国家发展、民族进步、社会和谐的重要基点，共享盛世太平。